普通高等教育“十二五”规划教材
高等院校精品规划教材

会计综合业务模拟实验

（第二版）

曹　慧　苏　龙　袁志忠　主　编
杨武歧　陈丽芹　张海风　副主编
周兴荣　主　审

科学出版社
北　京

内 容 简 介

本书主要内容包括：实验概述；依据被模拟单位的业务内容、业务特点以及管理要求开设账簿体系；期初数据过账；依据本期模拟业务填制与审核原始凭证；依据原始凭证编制记账凭证、审核记账凭证；编制科目汇总表或汇总记账凭证；登记日记账、明细账、总账；期末调账；成本核算；试算平衡；对账与期末结账；编制银行存款余额调节表；编制会计报表等。另外我们还设计了同手工模拟实验配套的电算化实验，着重体现会计为企业经营管理服务的思想，并力求通用性和系统性。

本书对所有经济业务都给出了学习指导，对部分有一定难度和较易出现错误的业务做出了详细的分析，既方便教师备课，又方便实验者和自学人员对业务的理解。

本书可作为按大类招生的经济、管理类的专业课的教科书，也可供其他专业和社会读者阅读。

图书在版编目（CIP）数据

会计综合业务模拟实验/曹慧，苏龙，袁志忠主编. —2版. —北京：科学出版社，2014

（普通高等教育“十二五”规划教材・高等院校精品规划教材）

ISBN 978-7-03-040176-2

Ⅰ.①会… Ⅱ.①曹… ②苏… ③袁… Ⅲ.①会计学-高等学校-教材 Ⅳ.①F230

中国版本图书馆CIP数据核字（2014）第047425号

责任编辑：李 娜 任锋娟 赵 茜 / 责任校对：刘玉靖

责任印制：吕春珉 / 封面设计：东方人华平面设计部

科学出版社 出版

北京东黄城根北街16号

邮政编码：100717

http://www.sciencep.com

天津翔远印刷有限公司 印刷

科学出版社发行 各地新华书店经销

*

2006年8月第 一 版 开本：787×1092 1/16

2015年3月第 二 版 印张：17 1/4

2020年7月第十五次印刷 字数：276 000

定价：43.00元

（如有印装质量问题，我社负责调换〈翔远〉）

销售部电话 010-62136230 编辑部电话 010-62135741（HF02）

第二版前言

2013 年 8 月 1 日起，在全国范围内开展交通运输业和部分现代服务业营业税改增值税试点。同时，增值税一般纳税人接受交通运输业和部分现代服务业（包括广播影视服务业）取得的增值税专用发票等扣税凭证可以按规定申报抵扣。营业税改增值税后对会计实务及会计教育产生了重要影响。为了更好地满足会计教学需求，我们修订了本书，本次修订主要变动有：

（1）本书实验涉及的所得税的核算方法改为资产负债表债务法。

（2）按照我国财税[2013]37 号《财政部国家税务总局关于在全国开展交通运输业和部分现代服务业营业税改征增值税试点税收政策的通知》，对一般纳税人涉及的出租有形动产、广告展览费等业务按新税收政策进行了修订。

（3）增加了月末应交增值税的计算和结转。

由于作者水平有限，书中难免存在疏漏之处，恳请广大读者批评指正。

第一版前言

本书在系统地介绍会计实务模拟理论的基础上，精心设计了模拟原型以及模拟原型的期初数据和本期经济业务。通过本书的模拟实验，可以完成：开设账簿体系、期初数据过账；依据本期模拟业务填制与审核原始凭证，依据原始凭证编制记账凭证、审核记账凭证；编制科目汇总表或汇总记账凭证；登记日记账、明细账、总账；期末调账；成本核算；试算平衡；对账与期末结账；编制会计报表等。

本书旨在让学习者全面、系统地理解和应用会计学原理、中级财务会计、成本会计、税务会计等课程的基本理论和基本方法，在模拟实务中将上述专业知识活学活用，融会贯通，既能对所掌握的专业理论知识进行查漏补缺，也能为实际从事会计工作打下坚实的基础。

本书的特色主要体现在以下几个方面：

第一，本书综合了《基础会计学》、《财务会计学》、《成本会计学》、《税法与纳税会计》等课程的核心内容和方法，综合性强是其首要特点。

第二，会计工作联系广泛，业务繁杂，且一些经济事项的发生在时间和空间上并不具有规律性，本书通过对模拟原型单位的会计事项进行加工、提炼、精心设计选择现实代表性强的业务，对会计核算的全过程进行全面且深入的模拟。

第三，注重业务之间的前后联系，业务之间的前后联系是会计学的突出特点，本书在模拟业务设计上通篇贯彻了这一精神。

第四，本书同时设计了手工模拟实验和电算化实验。

本书中会计电算化实验数据和手工实验数据是统一的，同一套数据同时进行手工模拟实验和电算化实验，不仅便于实验者更好地理解两种方式的差异，也便于核算结果的核对。

第五，将模拟业务学习指导写进教材，既方便教师备课，又方便实验者和自学人员学习。

限于水平，书中欠妥之处，敬请广大读者和专家批评指正。

目　录

第一章　实验概述 ········· 1
第一节　会计综合模拟实验的目的和特征 ········· 1
一、会计综合模拟实验的目的 ········· 1
二、会计综合模拟实验的基本特征 ········· 2
第二节　会计综合模拟实验的步骤 ········· 3
一、实验准备阶段 ········· 3
二、模拟实验阶段 ········· 3
三、整理小结阶段 ········· 4
四、撰写实验报告阶段 ········· 4
第三节　会计综合模拟实验的运作方式 ········· 4
一、混岗运作方式 ········· 4
二、分岗运作方式 ········· 4
第四节　会计综合模拟实验的考核与评价 ········· 5
一、确定考核项目 ········· 5
二、会计综合模拟实验操作规范及评分标准 ········· 5
第二章　模拟原型基本情况 ········· 7
第一节　公司基本情况 ········· 7
第二节　企业生产计划与核算定额 ········· 9
第三节　公司会计核算流程与会计岗位设置及职责 ········· 9
一、公司会计核算流程 ········· 9
二、会计岗位设置及职责 ········· 10
第四节　公司内部会计核算制度 ········· 10
一、会计核算原则 ········· 10
二、会计核算制度与方法 ········· 10
三、公司运用的企业统一会计科目 ········· 12
第五节　公司主要客户及相关单位概况 ········· 13
一、公司主要客户 ········· 13
二、公司主要原料供应商 ········· 13
三、公司主要设备供应商 ········· 13
四、公司客户概况 ········· 14

第三章　实验准备 …… 15

第一节　会计综合业务模拟实验人员配备 …… 15

一、实验指导教师配备 …… 15

二、对实验者的要求 …… 15

第二节　综合模拟实验材料准备 …… 16

一、可重复使用的实验材料 …… 16

二、单套一次性消耗的实验材料 …… 16

三、公共一次性消耗材料 …… 17

第三节　综合模拟实验各类账簿期初数据 …… 18

第四节　备查簿数据 …… 22

第五节　会计报表期初数据 …… 23

第四章　实验要求 …… 25

第一节　日常业务相关凭证编制及账簿登记要求 …… 25

一、总体步骤和要求 …… 25

二、业务原始凭证 …… 29

第二节　期末调整业务相关凭证编制及账簿登记要求 …… 29

一、总体步骤和要求 …… 29

二、业务原始凭证 …… 29

第三节　会计报表编制要求 …… 30

一、会计报表的作用 …… 30

二、会计报表的种类 …… 30

三、会计报表的编制要求 …… 32

四、会计报表编制的实验要求 …… 32

第五章　模拟业务学习指导及参考答案 …… 33

第一节　日常业务学习指导 …… 33

第二节　期末调整业务学习指导 …… 64

第三节　编制会计报表学习指导 …… 75

一、利润表 …… 75

二、资产负债表 …… 76

三、现金流量表 …… 79

第四节　会计电算化实验学习指导 …… 81

实验指导（一） …… 82

实验指导（二） …… 92

实验指导（三） …… 100

实验指导（四） …… 107

第五节　各类备查簿参考格式……109
一、现金支票使用登记簿……109
二、转账支票使用登记簿……110
三、材料采购登记簿……111
四、长期借款备查簿……112
五、短期借款备查簿……113
六、固定资产处置备查簿……114
七、无形资产处置备查簿……115
八、应付票据备查簿……116
九、应收票据备查簿……117
十、有价证券备查簿……118
十一、长期股权投资备查簿……119

第六章　模拟业务及相关凭证和报表……121

第一节　日常经济业务相关凭证……121
第二节　期末调整业务相关凭证……231
一、总体步骤和要求……231
二、月度生产统计……233
三、业务凭证……233
第三节　期末会计报表格式……261
一、利润表……261
二、资产负债表……261
三、现金流量表……263

第一章 实验概述

第一节 会计综合模拟实验的目的和特征

一、会计综合模拟实验的目的

现代教育理论认为，掌握知识和技能是能力获得和发展的基础，然而任何一种能力离开了具体的实践活动都不可能得到发展，会计专业能力的获得和发展也是如此。然而由于种种原因，现行会计专业教育中仍然存在着“重知识传授、轻技能培养”的倾向，在一定程度上制约着会计人才综合能力特别是创新能力的培养和发展。另外，传统会计教学手段比较单一，粉笔和黑板依然是主要工具，这样不仅耽误课堂教学时间，而且呆板乏味，难以激发实验者的学习兴趣，从而无法完成必要的会计专业技能训练，其结果必然导致会计专业毕业生的业务技能难以胜任会计实务工作的基本要求。

本模拟实验的目的是通过实验使学习者全面、系统地掌握会计循环中凭证、账簿、报表的基本操作技能，明确账簿的种类和基本结构，熟悉登记账簿的一般要求，掌握会计账簿启用、设置、登记，以及对账和结账的基本操作技能。明确原始凭证应具备的基本要素，熟悉各种原始凭证样式，掌握原始凭证填制和审核的基本操作技能。掌握会计分录及填制记账凭证基本操作技能。明确资产负债表、利润表、现金流量表的理论基础，熟悉主要会计报表的基本结构和编制依据，掌握其编制的基本技能。

为了使实验者在熟悉手工会计业务处理的基础上进一步掌握信息化条件下的会计核算流程，本书特别设计了在用友ERP软件平台上进行会计核算的专项实验，并与手工实验内容相配套。主要实验内容包括系统管理和基础设置、总账系统、报表系统等。实验的基本目的是使实验者掌握信息化条件下会计核算的一般规律和基本操作技能，更好地理解基本的会计核算流程，进一步从信息系统的角度去理解会计的基本职能。我们认为，实验者需要培养的不仅仅是操作的基本技能，也应培养一种从会计信息系统的角度去看待问题的思维。会计核算的任何环节都可以被看作是对会计信息的处理，如会计信息的收集、加工、传输、存储、报告等。只有从信息系统的角度去看待会计，才能真正解决实验者经常困惑的“会计在做什么、为什么做”的问题。

目前，将企业的业务活动、财务活动、管理活动都集成在一个系统内的ERP系统正在逐步改变我们对会计信息系统的理解。因此，我们选择用友ERP系统作为实验平台，也是希望实验者深入理解会计信息系统的内在运行规律，掌握会计信息系统中蕴含的思想和方法，能够从企业管理信息系统的高度理解会计信息系统，而不仅仅是局限于利用软件实现会计核算的操作技能。本书中会计电算化实验数据和手工实验数据是统一的，只是按照软件的要求重新分类整理，并在相关实验章节一一列出，便于实验者快速完成实验。同一套数据同时进行手工模拟实验和电算化实验是本书的特色之一，不仅便于实验者更好地理解两种方式的差异，也便于核算结果的核对。

二、会计综合模拟实验的基本特征

会计模拟实验，既不同于传统的会计理论教学，又不同于校外专业实习，它是理论教学与校外实习相结合的复合体。故与二者相比，具有不可取代的特点和优越性。

1. 会计模拟实验具有模型化的实践性特点

会计模拟实验，就是将模拟对象模型化，通过模拟其生产经营过程，让实验者在其中进行会计活动，从而掌握会计理论和熟悉会计操作技能。在这种模拟环境中，实验者根据实验内容的要求，自己动手，根据经济业务填制原始凭证，编制记账凭证，登记账簿，计算成本，编制会计报表，编写财务报告，进行财务分析，仿佛置身于实际工作单位的财务部门一样。从而使实验者对会计工作的全貌有了清晰而直观的了解，既培养了动手能力，又加深了对会计基础理论和会计工作内在联系的认识。

2. 会计模拟实验具有可塑性强的特点

会计模拟实验，特别是一些专题会计实验，可塑性强的特点非常明显。比如，为了实现“了解企业在实行内部经营承包责任制中如何按照责任会计的原理组织内部经济核算问题”的实验目的，我们就可以通过设立内部责任单位、承包指标、核算形式、劳务结算方式、分配办法、机构运行程序等条件，按照给定的经济业务，组织实验者进行模拟核算，探求责任会计的实施原理和过程。再如，为了使实验者获得对“企业亏损”这一经济现象的直观认识，只要在设计或选择经济业务时，人为地制造“支大于收”这一条件，就可以实现核算结果出现亏损；而在校外实习，我们既不能为了实习而让企业发生亏损，也不能等到企业发生亏损时再去实习。设定条件不同，所得结果也不一样。这样，我们就可以方便地按照预定的实验目的，进行不同的模拟演练。

3. 会计模拟具有纯化环境和简化过程的特点

实验，能够使人们排除复杂的自然物质运动过程中各种偶然及次要因素的困惑和干扰，将研究对象从复杂的联系中隔离出来，使其呈现在一种纯粹的状态和环境中，以便深刻、系统、完整地把握某一自然现象的本质特征和规律。这种在自然科学研究中将研究对象进行纯化的过程，对于会计模拟实验同样是必要的。

对会计模拟对象的简化或纯化过程，一般应包括两个方面：一是纯化会计环境，即把会计从社会外部和企业内部复杂的联系中简化出来，使在实验中必须保留的联系，仅仅是为了实验目的而存在；二是简化会计过程，即把握实验内容，缩短会计过程，以便在较短的时间内实现对会计过程的全面认识。在实际工作单位，会计工作联系广泛，业务繁杂，且一些经济事项的发生在时间和空间上并不具有规律性，想要了解的经济事项在实习过程中未必就会发生，而短期的校外实习往往难以对实习单位的会计循环过程获得全面的认识。而在实验室里进行会计模拟实验，完全可以对模拟原型单位的会计事项进行加工改造、提炼、简化以缩短会计核算过程。这样，在较短的时间内，就可以对会计核算的全过程进行全面而深入的认识。

第二节 会计综合模拟实验的步骤

会计是一门应用性很强的经济管理学科，会计专业的实验者不仅要有系统的理论知识，更要有熟练的操作能力。因此实践教学是会计专业教学中非常重要的一环，是对传统课堂教学模式的突破，是实现理论与实践相结合，培养应用型会计人才的一种有效方式。在会计模拟实验的仿真模拟环境中，实验者根据实验内容的要求，自己动手，从填制原始凭证、编制记账凭证、登记账簿、成本核算、编制会计报表到财务分析，如同置身于实际单位的财务部门一样。通过实验，实验者可以对会计工作的全貌有清晰、直观的了解，培养动手能力，加深对会计基础理论和会计实际工作内在联系的认识。

会计综合业务模拟实验分四个阶段进行，即：实验准备阶段、模拟实验阶段、整理小结阶段、撰写实验报告阶段。

一、实验准备阶段

实验准备包括：实验场所准备、实验设备准备、实验材料准备和知识准备几个主要方面。具体各方面的准备要求将在第三章进行详细说明。

二、模拟实验阶段

在模拟实验正式开始之初，实验指导教师应集中讲解本次模拟实验的目的和意义，并概括讲解模拟单位的生产组织和管理制度，以及会计核算制度，以使实验者对整个实验有一个整体上的把握和了解。

这一阶段的具体实验步骤如下：

① 建账：根据期初数据和资料开设总分类账、日记账、明细分类账以及备查簿。

② 将期初余额过入各有关账簿和备查簿。

③ 根据模拟业务对应的原始凭证编制记账凭证，并对凭证进行编号，根据记账凭证登记日记账和明细分类账。

④ 进行科目汇总，编制科目汇总表。

⑤ 采用科目汇总表账务处理程序登记总分类账。

⑥ 分阶段进行余额试算平衡。

⑦ 期末账项调整。

⑧ 编制会计报表。

三、整理小结阶段

对所填制的原始凭证、记账凭证、编制的会计报表进行整理归类，将记账凭证装订成册并对各分册连续编号。

对模拟实验情况进行小结和评价，总结经验，找出不足，并提出合理化建议。

四、撰写实验报告阶段

要求实验者将实验过程中的心得体会、经验、经过等整理成实验报告。

第三节　会计综合模拟实验的运作方式

综合业务实验的实验资料，一般是以某一模拟单位某个月份完整的模拟会计资料（包括企业基本情况、企业核算流程、成本计算方法、各账户的期初余额、原始经济事项、相关财务制度和政策规定等），按照实验的总体要求，从填制原始凭证、记账凭证，登记账簿，编制报表，编写财务情况说明书，到完成实验报告，进行全面、系统的综合会计模拟演练。

综合业务实验的组织运作方式，一般采用混岗运作方式和分岗运作方式两种。

一、混岗运作方式

混岗运作方式，要求每一位实习者单独完成（或者两者为一组共同完成）全部会计模拟实验内容。这种运作方式的优点是，可以让实验者在整个实验过程中，对各项专业技能得到系统的、全面的掌握。而且在实验者人数多的情况下，便于组织集中实习。其缺点是，不能使实验者感受到实际工作中会计机构各岗位的业务分工和内部牵制制度，以及会计凭证在各岗位之间的传递过程；而且，这一运作方式下，实验者的工作量大，耗用时间长，材料消耗大，实验成本高。

二、分岗运作方式

分岗运作方式，要求对实习实验者分组，在每一组内按照会计机构内部各岗位分工情况，进行分岗操作。这样实验者就能在实习过程中熟悉、明确各会计岗位的基本职责，掌握各类经济业务的账务处理过程，以及原始单据和其他会计凭证在各个会计岗位之间的传递程序和方式。同时也能了解到财务部门与企业内部其他单位以及外部有经济业务往来的各有关单位的财务关系，以及相关经济业务的账务处理方法。使实验者有身临其境的感受，直观性、真实性强。但这种方式在实习过程中组织难度较大，而且实验者对实习内容的全面了解和掌握程度明显低于混岗运作方式。

此外，近年来计算机作为处理信息高速化的工具已普遍在会计工作中得到应用。新时期的会计人员，不仅要掌握各种会计理论和方法，还要熟悉计算机操作及相关财务软件的应用。同时，为了能够将电算会计实验与手工操作两种运作方式进行有机结合，在采用手工操作与电算会计相结合的运作方式时，又有两种实验组织运作方式可供选择：

一是混岗式的手工操作与分岗式的电算会计相结合；二是分岗式的手工操作与混岗式的电算会计相结合，这两种组合都能取得较好的实验效果。

第四节 会计综合模拟实验的考核与评价

实验成绩的考核是会计模拟实验系统的重要环节。它是提高实验质量、促进实验过程良性运转的有力保证。为此，本书建立了一套科学合理、行之有效、易于操作的实验考核体系，将实验要求与实验项目完成的质量进行指标量化，按量化指标和规定的评分程序，对每一个实验者的实验运作全过程进行考核并评定成绩。

一、确定考核项目

（1）实验纪律

具体包括实验制度的遵守情况和实验课堂表现等方面，严格的实验纪律，是模拟实验有序进行的重要保证。没有一个好的实验纪律，就难以取得良好的实验效果。

（2）实验日记

在实验过程中，要求实验者结合实验内容，撰写实验日记。通过该环节来调动实验者运用会计理论、认识和解决实际问题的能力。同时，实验日记也是编写实验报告的基本素材。

（3）实验技能

它是会计模拟实验的核心。具体内容包括填制会计凭证、登记账簿、编制会计报表和财务情况说明书、装订会计档案，以及会计凭证设计、会计程序分析、会计方法分析等内容。

（4）实验报告

它是完成会计模拟实验全过程的书面总结，该环节主要是考核实验者能否以某一个或某几个实验项目的内容作为中心论题，准确地描述各种不同性质经济业务账务处理的依据及其与相关会计制度和会计政策的内在联系，能否结合实验内容的重点和疑点，提出问题，分析问题，并提出切合实际的改进措施和建议。

二、会计综合模拟实验操作规范及评分标准

1. 会计模拟实验操作规范

模拟实务操作等同于实际工作，应按照会计核算程序及有关规章制度，认真填制会计凭证，登记会计账簿并编制会计报表。

模拟实验时，必须先认真思考理解题意及要求再动手操作，做完后要认真检查，防止遗漏和错误。

实习用的各种凭证、账簿、报表一律使用统一格式，凭证、账簿以及报表的项目要按有关规定填写清楚、完整。

在填制会计凭证、登记账簿和编制会计报表时，除按规定必须用红色墨水笔外，所有文字、数字都应使用黑（蓝黑）墨水笔书写；填写现金支票，转账支票必须使用黑色

墨水笔或签字笔，不准使用铅笔和圆珠笔（复写凭证除外）。

在进行数字计算时，提倡运用算盘计算，以熟练计算技术，为今后做实际工作打好基础。

书写有错误时，应按规定方法改正，不得任意涂改、刮、擦、挖、补，按正确方法改正之后须在修改过的地方加盖自己的印章。

文字和数字书写要正确、整洁、清楚、规范。

要按规定的时间，完成模拟实务实验的全部任务。

2. 会计综合模拟实验成果验收标准

（1）指标设置及分值结构

依据实验大纲的要求，结合会计实验操作的具体特点，对会计模拟实验成果的验收及考评，可供参考的考核指标及其对应考评分值设置为：记账凭证、账簿、报表、实习报告、加分因素及考勤六个部分，考评分值前四项分别为30分、30分、15分、25分，加分累计不超过15分，考勤按照缺勤次数计负分。

（2）对各考评指标的要求

1）记账凭证。具体要求有：①年、月、日及编号是否齐全、连续；②是否说明了附件张数；③同号分页记账凭证是否按 $1/n, 2/n, \cdots, n/n$ 编号；④一笔经济业务使用多张记账凭证连续记录时格式是否正确；⑤“制单”、“记账”、“审核”处是否填写姓名；⑥记账后是否标有记账符号“√”；⑦明细成本项目是否齐全、正确；⑧一张记账凭证上不许有两处更改或错误。以上要求，每一处不符合扣0.25分。

2）账簿。具体要求有：①上年结转数是否有“上年结转”章以及余额的方向章；②小计、月计、累计是否正确；③余额结示的位置是否正确；④数量、金额式账户是否有数量记录；⑤记账需自然过渡到下一页时，在下一页的首行是否标明“承前页”字样；⑥结转下年的格式和内容是否正确；⑦一张账页上不允许有四处更改。以上要求，每一处不符合扣0.25分。

3）报表。具体要求有：①整洁，不可以出现刮、擦、挖、补、涂的数字；②数据要正确。以上要求，有一处更改扣0.25分，有一处错误扣5分。

4）实习报告。具体要求有：①格式规范；②文字工整；③有实际内容，观点明确；④不少于3000字。

5）加分因素。具体有：①记账凭证、账簿、报表，正确、整洁加分，该方面加分总计不超过5分；②自制表格设计合理、明晰，有推广价值的加分，该方面加分总计不超过10分。

6）考勤方面。具体有：①迟到、早退每小时扣0.5分；②旷课每次扣2分；③该部分累计扣分达40分者，取消其实习资格。

第二章 模拟原型基本情况

第一节 公司基本情况

模拟核算对象，也就是进行会计模拟核算所引用的原型，如某集团、某公司、某厂矿、某企业等。了解模拟核算对象的组织机构，管理体制以及生产组织特点，是选择具体的核算方法、组织会计核算的前提条件。因为不同的行业以及同行业中不同企业都有自身的生产组织特点及经营管理特点，因而所采用的具体会计核算方法（特别是成本核算方法）就有所不同。比如，商业企业的成本核算内容与工业不同，同是工业企业因其生产组织和管理要求不同，在成本核算方法的选择上，又区别采用品种法、分批法、分步法和分类法等。

1．企业基本情况

本书模拟原型是一家工业制造企业，企业基本情况如下：

企业名称：丰达市讯达通讯设备股份有限责任公司，其中，国有股占60%，职工股占40% 。

法人代表：秦贺。

注册地址：丰达市启明大道168号。

联系电话：0311-87878778；0311-87878779。

该公司的组织机构及人员情况如下：公司在职职工共396人，税务核定月扣除计税工资标准为1600元/人。

2．组织情况

公司设有以下职能处室及生产单位：

1）管理部门：包括经理办公室、行政办公室、人事处、财务处、工会等共47人。负责整个公司的行政管理及全面组织、管理公司的全部业务。

会计人员业务分工：会计主管方杰。其他会计人员有：李玉林、赵勇、张明、宋敏、刘林，具体业务分工见表2.1。

表 2.1　会计人员业务分工一览表

姓　名	方　杰	李玉林	赵　勇	张　明	宋　敏	刘　林
业务分工	会计主管、其他业务	总账会计	出　纳	存货及固定资产会计	往来款项会计	成本会计
个人印章	方杰	李玉林	赵勇	张明	宋敏	刘林

2）销售部门 23 人，负责产品销售业务。

3）仓管部门 8 人，设有原材料、半成品、产成品和低值易耗品四个仓库。负责存货实物的收、发、保管工作。其中仓库主管一人：由杨勇担任。记账员一人：由李芳担任。材料、成品入库验收员一人：由秦佳担任。发料由刘小三负责。原材料和低值易耗品的日常采购由张忠祥负责。产成品的日常发出销售，由李大军负责。

4）研发部门 8 人，负责电话机软件的开发。

5）基本生产车间：本企业设置两个基本生产车间。其中：半成品加工车间 150 人（其中管理人员 25 人），生产电话机的半成品：话机塑料外壳 - HXD - 0506（不外售）、塑料外壳 - HXD0508（不外售），加工完毕后将半成品提供给产成品装配车间。加工车间原材料为开工时一次性投入。由于半成品数量较大，管理上要求设半成品库，半成品经仓库收发，由朱建民负责车间领料和完工半成品入库。

产成品装配车间 140 人（其中管理人员 10 人），领用半成品，并将其深加工为产成品 XD - 0506、XD - 0508 电话机，产成品对外销售（产成品车间所需材料也是开工时一次性投入）。由褚志海负责车间领料和张丽负责完工产品入库。

6）辅助生产车间：机修车间 20 人，负责维修全公司的机器、设备。

3. 财务信息

1）开户银行及账号。

工商银行丰达支行 账号：11- 8888 - 1688

建设银行丰达支行 账号：1888 - 8888 - 88

2）银行预留印鉴（工商银行、建设银行预留印鉴相同），如图 2.1 所示。

3）该公司税务专管局是丰达市工商税务管理局兴平分局。税务登记号：854585459898888。

图 2.1　银行预留印鉴

第二节　企业生产计划与核算定额

各产品原材料及工时定额消耗表、单位产品定额成本表、2014 年 1 月公司计划投产量表分别见表 2.2～表 2.5。

表 2.2　半成品原材料及工时定额消耗表

材料名称	塑料-0506	塑料-0508	添加剂-0506	添加剂-0508	产品工时定额
计划成本	8 元/千克	10 元/千克	5 元/千克	5 元/千克	
HXD-0506 半成品	0.5 千克	—	0.1 千克	—	0.1 小时
HXD-0508 半成品	—	0.6 千克	—	0.2 千克	0.1 小时

表 2.3　产成品原材料及工时定额消耗表

材料名称	HXD-0506 半成品	HXD-0508 半成品	电话机主板-0506	电话机主板-0508	电话机显示屏-0506	电话机显示屏-0508	送话器、受话器	产品工时定额
计划成本	9 元/个	12.5 元/个	20 元/个	30 元/个	10 元/个	12 元/个	6 元/个	
电话机 XD-0506	1 个	—	1 件	—	1 个	—	1 个	0.5 小时
电话机 XD-0508	—	1 个	—	1 件	—	1 个	1 个	0.5 小时

表 2.4　单位产品定额成本表　单位：元

成本项目／产品名称	直接材料	自制半成品	直接人工费用	其他直接费用	制造费用	合　计
HXD-0506 半成品	4.5	—	2.0	0.5	2.0	9.00
HXD-0508 半成品	7.0	—	2.0	1.5	2.0	12.50
XD-0506 电话机	36	9	10	2	4.0	61.00
XD-0508 电话机	48	12.5	10	2	5.0	77.5

表 2.5　2014 年 1 月公司计划投产量表　单位：个

产　品	HXD-0506 半成品	HXD-0508 半成品	XD-0506 电话机	XD-0508 电话机
计划产量	35 000	40 000	35 000	40 000

第三节　公司会计核算流程与会计岗位设置及职责

一、公司会计核算流程

本公司采用科目汇总表会计核算流程，其程序如图 2.2 所示。

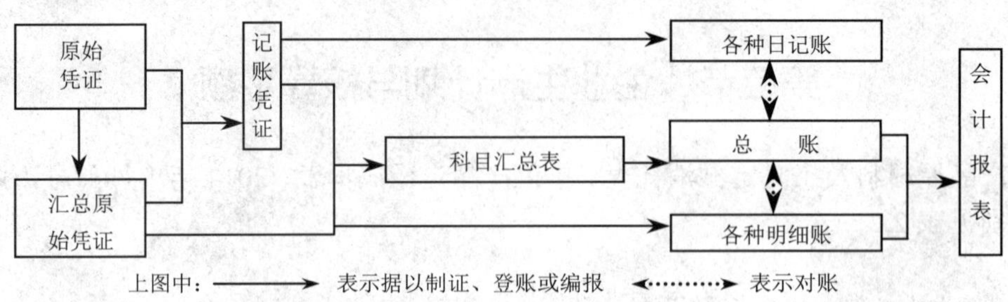

图 2.2 会计核算流程

二、会计岗位设置及职责

公司财务处设处长 1 人、副处长 1 人，组织全公司的财务预算、计划工作，进行财务评价。审批费用支出凭证，审签财务报告，协调与上级或其他部门的关系。

财务主管 1 人，具体领导管理本企业的会计工作，组织、制定本企业的各项会计规章制度，组织编制和实施本企业的财务计划，参与经营决策。指导具体业务，组织财务处相关人员学习有关制度规范等。

出纳员 2 人，主管现金收付和银行结算业务，登记现金和银行存款日记账，保管库存现金和各种有价证券，保管与其工作相关的印章、空白收据和空白支票。

存货会计 2 人，负责各种存货采购成本的核算、存货的明细核算和相关的往来结算。

成本核算人员 2 人，负责建立、健全企业各项原始记录、消耗定额和计量检验的制度；制定各种费用、成本计划；加强各种成本和费用管理的基础工作；负责审核各项费用开支，并要正确计算产品成本，编制成本报表等。

总账报表岗位 4 人，主要负责登记总账，编制资产负债表、利润表和现金流量表等，并负责管理会计凭证和各种报表。分析企业的财务状况和经营成果，编写财务状况说明书并进行财务预测和决策，为经营活动提供分析资料和决策依据。

第四节 公司内部会计核算制度

一、会计核算原则

遵照《公司法》、《企业会计准则》以及《企业财务通则》组织公司的财务管理活动；依照 2007 年 1 月 1 日实施的新《企业会计准则》、2000 年 7 月 1 日实施的《中华人民共和国会计法》、1996 年 6 月 17 日颁布实施的《会计基础工作规范》以及迅达通讯设备股份有限责任公司《成本费用核算办法》等相关规定，组织会计核算并提供信息。

二、会计核算制度与方法

1）本公司采用借贷记账法，依据《企业会计准则》使用规范的会计科目名称和编号，设置总分类账、现金日记账、银行存款日记账，以及各种成本费用账、物资管理明细账和相应的数量卡片保管账、备查簿等记录归纳公司的会计信息。

2）公司设置“生产成本”总分类科目，下设“基本生产成本”、“辅助生产成本”明细科目。按车间和产品名称设置所属成本明细账；辅助车间的制造费用不独立核算，直接归集在“生产成本 —— 辅助生产成本”科目。

3）公司产品成本项目分为：直接材料、直接人工、其他直接支出（燃料及动力费）、制造费用四项。

4）公司领用的需要分配的原材料费用按当期投入的计划材料定额消耗量（各产品当期计划投产量×材料消耗量定额）在各产品之间进行分配；各项加工费用按产品当期投入的计划定额工时比例（各产品当期计划投产量×工时消耗定额）进行分配；辅助费用采用直接分配法进行分配。

5）公司所用水、电全部外购，日常按车间、部门统计水耗（立方米）、电耗（度数）并予以分配。

6）公司采用科目汇总表核算组织程序，每月 15 日、30 日、31 日编制科目汇总表，并登记总账及明细账。

7）记账凭证编号每月分别自 001 开始连续编号。

8）原材料的日常收发按计划成本核算，市外采购材料的运费直接计入采购成本，不能直接计入的按所采购材料的重量（或数量）比例分配计入各自材料的采购成本。市内采购材料的运费计入管理费用。

9）自制半成品日常按定额成本收发，月末计算、调整定额成本与实际成本的差异；销售商品（产品）平时登记数量（留出库单），月末汇总出库单按全月一次加权平均法计算结转其实际的领用或销售成本。

10）半成品成本计算采用品种法，产成品成本计算采用综合结转分步法核算，管理上不要求成本还原。

11）期末完工产品与在产品成本计算采用定额比例法。完工产品和在产品的材料费按材料定额消耗量（材料定额消耗量＝完工产品和在产品的消耗定额×当期实际数量）进行分配，完工产品和在产品的加工费按定额工时（定额工时＝当期产品实际产量×该产品工时消耗定额）进行分配。

12）公司采用计时工资制度，工资分配时按工资中基本工资和津贴之和的 2%计提工会经费，1.5%提取职工教育经费。

13）公司采用直线法计提折旧，每月 16 日计提固定资产折旧。

14）月末摊销无形资产的价值。

15）低值易耗品按一次摊销法核算，领用的低值易耗品成本按实际成本计算结转。

16）年末分析应收款项余额，按 2%计提坏账准备金。

17）发行债券的溢价按月采用直线法摊销，利息按月计提。

18）每月末组织财产清查盘点工作。

19）每月 4 日前交纳各种税款：营业税（税率依据不同应税项目而定）、增值税（17%）、城市建设维护税（7%）、教育费附加费（3%）、所得税（25%）。

20）所得税采用资产负债表债务法核算，本书实验计税工资仍按 1600 元抵扣。

21）本公司所用定额资料年度内不作调整。

三、公司适用的企业统一会计科目

公司适用的企业统一会计科目，如表 2.6 所示。

表 2.6 公司适用的企业统一会计科目

编　　号	会计科目名称	编　　号	会计科目名称
	一、资产类	1604	在建工程
1001	库存现金	1605	工程物资
1002	银行存款	1606	固定资产清理
1012	其他货币资金	1701	无形资产
1101	交易性金融资产	1702	累计摊销
1121	应收票据	1703	无形资产减值准备
1122	应收账款	1711	商誉
1123	预付账款	1801	长期待摊费用
1131	应收股利	1811	递延所得税资产
1132	应收利息	1901	待处理财产损溢
1221	其他应收款		二、负债类
1231	坏账准备	2001	短期借款
1401	材料采购	2101	交易性金融负债
1403	原材料	2201	应付票据
1404	材料成本差异	2202	应付账款
1405	库存商品	2203	预收账款
1411	低值易耗品	2211	应付职工薪酬
1408	委托加工物资	2221	应交税费
1471	存货跌价准备	2231	应付利息
1501	持有至到期投资	2232	应付股利
1502	持有至到期投资减值准备	2241	其他应付款
1503	可供出售金融资产	2401	递延收益
1511	长期股权投资	2501	长期借款
1512	长期股权投资减值准备	2502	应付债券
1531	长期应收款	2701	长期应付款
1532	未实现融资收益	2702	未确认融资费用
1601	固定资产	2801	预计负债
1602	累计折旧	2901	递延所得税负债
1603	固定资产减值准备		

续表

编　号	会计科目名称	编　号	会计科目名称
三、所有者权益类		6101	公允价值变动损益
4001	实收资本	6111	投资收益
4002	资本公积	6301	营业外收入
4101	盈余公积	6401	主营业务成本
4103	本年利润	6402	其他业务成本
4104	利润分配	6403	营业税金及附加
四、成本类		6601	销售费用
5001	生产成本	6602	管理费用
5101	制造费用	6603	财务费用
5301	研发支出	6701	资产减值损失
五、损益类		6711	营业外支出
6001	主营业务收入	6801	所得税费用
6051	其他业务收入	6901	以前年度损益调整
6061	汇兑损益		

第五节　公司主要客户及相关单位概况

一、公司主要客户

1）大连商贸股份有限公司
2）上海易购股份有限公司
3）成都华联商场
4）沈阳五交化股份有限公司
5）丰达市燕莎商场

二、公司主要原料供应商

1）石家庄有机塑料股份有限公司　　提供塑料
2）丰达市集成模板股份有限公司　　提供B材料
3）重庆市同德化工厂　　提供塑料添加剂
4）丰达市通讯器材公司　　提供话机显示屏、送话器、受话器
5）丰达市包装印刷有限公司　　提供话机外包装盒

三、公司主要设备供应商

1）山东通讯制造设备股份公司　　提供话机制造设备

2）辽宁机电股份有限公司　　　　提供电镀设备
3）上海东方测量仪器股份公司　　提供主要检测仪器

四、公司客户概况

公司客户概况，如表 2.7 所示。

表 2.7　公司客户概况

单位名称	开户银行	账　号	单位电话	税号（No.）
大连商贸股份有限公司	大连市工行裕华办	66-3311-112	0411-85887652	669867589403345
丰达市通讯器材公司	丰达市工行富强办	47-4938-997	0311-86982513	477755849302234
丰达市包装印刷有限公司	丰达市商行和平办	23-3326-116	0311-86038226	163355220333218
上海易购股份有限公司	上海市工行启明路办	51-3256-158	021-65820518	216667876855643
成都华联商场	成都市工行槐底办	33-1933-448	028-86528790	519988796192341
沈阳五交化股份有限公司	沈阳市工行中华办	25-2402-117	024-25926374	337685768576857
丰达市燕莎商场	丰达市工行平安办	50-3838-121	0311-8561429	255678989809890
石家庄有机塑料股份有限公司	石家庄市工行桥东办	75-2401-113	0311-87878788	507685763423453
丰达市集成模板股份有限公司	丰达市工行青园办	65-2233-115	0311-86869520	757777686868688
重庆市同德化工厂	重庆市工行街口办	21-8425-331	023-65865566	657878982816888
山东通讯制造设备股份公司	济南市工行槐中办	34-6768-339	0531-88635247	213456789876543
辽宁机电股份有限公司	锦州市工商行	12-8425-331	0411-87893225	341234567898765
上海东方测量仪器股份公司	上海市工行东方办	68-3466-423	021-67893226	123456789123456
丰达市绿叶广告公司	丰达市工行桥东办	65-2431-112	0311-85674726	408685763423456
丰达市建华通讯器材公司	丰达市工行长安办	11-7256-8723	0311-85674326	456900347532681

第三章 实验准备

第一节 会计综合业务模拟实验人员配备

一、实验指导教师配备

作为实验指导教师，在组织实验者进行会计综合业务模拟实习之前必须对全部模拟业务进行试做，并撰写实验指导教案，在教案中详细注明每一实验步骤所涉及的理论知识的出处，以及知识要点和应用时应注意的问题。要达到这一要求，实验指导教师必须精通上文述及的各专业课程，并充分关注新会计法规，新会计准则以及税务法规的新变化等。

实验指导教师应由同时具有财会本科以上学历和中级以上技术职称的教师或财会工作者担任。指导教师的主要职责有：

1）明确所指导实验者的培养目标、实验的教学目的和基本要求，对实验者进行思想教育工作，提高实验者对实验的认识。

2）了解实验者的能力、学习、思想及工作实践等情况，做到心中有数。

3）设计实验计划，熟悉实验教材，指导实验者正确地进行各种会计操作。

4）根据会计综合业务模拟实验的评分标准，审阅批改实验者实验材料，确定实习成绩，并写出适当的评语。

5）对实验者实验的真实性进行审查，如发现实验者抄袭他人实验资料，应及时进行批评指正。对屡教不改者，指导教师有权取消该实验者的实验资格。

二、对实验者的要求

1）实验者应已学习过基础会计学、中级财务会计、财务管理等先期课程，会用 Excel 等基本办公软件和财务软件等。

2）实验者必须按照企业会计制度、相关会计准则及有关财经法规对实验经济业务进行会计处理。

3）作为即将参加实验的实验者，要端正态度、积极主动地温习上面述及的各专业课程，为进入实验阶段打下良好的理论知识基础。

第二节 综合模拟实验材料准备

为顺利完成本次模拟实验综合业务，实验指导教师应结合实验者总人数，分组情况、分岗情况，在实验工作开展之前，提前准备实验材料。

实验材料分为三类，一类是可重复使用的实验材料；另一类则是一次性消耗的实验材料；还有一类是公共一次性消耗材料。

一、可重复使用的实验材料

这类材料主要包括：

1）会计科目章（包括：企业会计科目章、事业单位会计科目章、行政单位会计科目章等）。

2）会计通用章（包括：会计十三通章、现金收讫、现金付讫、转账收讫、转账付讫等印章）。

3）模拟结算章（设置模拟银行柜台时，需要配置模拟结算章）。

4）印台。

5）印章垫板。

6）直尺、裁纸刀、剪刀、红笔等。

上述实验材料可重复使用，因此在发放这些实验材料时，应该进行领用登记和交回登记工作。以减少不必要的浪费，节约实验经费。

在实验过程中，原则上每一小组应配备一整套上述可重复使用的实验材料，以减少不同小组之间的相互干扰，也是对各小组正常实习进程的基本保证。

二、单套一次性消耗的实验材料

完成本次模拟实验业务，一个小组完成一套全部业务所需实验材料统计如下：

1）总分类账，账本 1 册。

2）现金日记账，账页 1 张（如果实验室留存归档，则建议使用订本式现金日记账一册）。

3）银行存款日记账，账页 2 张（如果实验室留存归档，则建议使用订本式银行存款日记账一册）。

4）数量金额式明细账，账页 5 张。

5）低值易耗品明细账，账页 7 张。

6）固定资产台账（明细账），账页 10 张。

7）多栏式成本费用明细账，账页 14 张。

8）应交税金——应交增值税明细账，账页 3 张。

9）三栏式（借贷余）明细账，账页 50 张。

10）通用记账凭证 100 张。

11）科目汇总表 6 张；（按每月 15 日、30 日、31 日，共编制 3 次科目汇总表计算）。

12）科目汇总附表 6 张（按每月 15 日、30 日、31 日，共编制 3 次科目汇总表计算）。

13）账簿封皮 3～5 套。

14）鞋带 3～5 根或账簿装订专用螺丝 3～5 套。

15）记账凭证封皮 3 张。

16）账簿标签 3～5 张。

在此需要说明的是，在实际工作中，上述耗材的 1）～3）项通常是订本式的，4）～9）项通常是活页式的，为了记账和保管方便，往往需要将活页账装订成册。通常进行分册装订时要充分考虑会计工作岗位的分工和会计凭证传递程序的实际需要。

假如全部模拟业务不采用分岗位实验运作方式，以便使每个实验者都能经历全部的会计业务，那么上述 4）～9）项的活页式账页，建议分类合并装订为 3 册，即：

① 有形资产类合为一册，包括：耗材表中的 4）～6）三项。

这三种账页所记载的业务中，固定资产业务平时发生最少，宜放在这一册的最后面；用于记载库存材料、库存商品的数量金额式账页平时使用最多，宜放在这一册的最前面；而低值易耗品的业务量一般在前述二者之间，故可以放在这一册的中间。

此外，还有一个应该注意的细节问题是，上述 4）～6）类账页中每个小类所记载的具体科目在账册中的排序也应按各该科目的业务量大小进行排序。当然，要求刚刚参加会计模拟实验的实验者做到这一点，有些不切实际。只有在某个工作单位工作了一段时间之后的老会计工作者，才能依据往年的经验，对今年各科目的业务量作出合理判断。

② 多栏式成本费用明细账账页装订为一册，用于记录三项期间费用、生产成本以及制造费用等经济业务。

③ 三栏式（借贷余）明细账账页和“应交税金——应交增值税”明细账账页合为一册。用于记录不需要记录数量，只需记载金额的各科目的经济业务。

除此以外，需要注意的还有两点：

第一点是，有些企业的会计人员为了方便进行销售收入和销售成本的分析，往往会把主营业务收入和主营业务成本分产品地记入到多栏式账簿中，那么就应该加配多栏式明细账账页，减配三栏式明细账账页。

第二点是，如果采用分岗位的实验运作方式，那么，会计账簿的装订册数就应该随会计工作岗位的配置而定。

三、公共一次性消耗材料

除上述可重复使用的实验材料和单套一次性消耗的实验材料外，还应在实验开始前准备一些公共消耗材料，它们主要包括记账专用墨水、胶水、糨糊、原子印油、装订线，各种备用实验凭证以及账页和账本等。

第三节 综合模拟实验各类账簿期初数据

1. 总分类账户及所属明细分类账户余额

丰达市迅达通讯设备股份有限责任公司 2013 年 12 月末有关总分类账户及所属明细分类账户余额，见表 3.1。

表 3.1 总分类账户及所属明细分类账户余额 单位：元

总分类账户	明细分类账户	借方余额	贷方余额
一、资产类账户			
库存现金		**4 690**	
银行存款		**6 345 238**	
	工商银行账号：11-8888-1688	3 456 148	
	建设银行账号：1888-8888-88	2 889 090	
其他货币资金	外埠存款（建行重庆支行）	**20 000**	
交易性金融资产	债券投资 ☹	**60 000**	
应收票据	丰达市燕莎商场 ☹	**46 800**	
应收账款		**702 000**	
	上海易购股份有限公司	187 200	
	成都华联商场	117 000	
	沈阳五交化股份有限公司	93 600	
	丰达市燕莎商场 ☹	304 200	
其他应收款		**5 000**	
	于建国	2 000	
	王玲	1 500	
	租用录像机押金	1 500	
坏账准备			**14 040**
预付账款		**16 000**	
	石家庄有机塑料股份有限公司☹		30 000
	丰达市集成模板股份有限公司☹	40 000	
	红旗轿车保险费 ☹	6 000	
原材料	见表 3.2	**36 500**	
低值易耗品	见表 3.2	**51 318**	
材料成本差异		**1 920**	
	塑料-0506	2 350	
	塑料-0508		400
	添加剂-0506		30
库存商品	见表 3.2	**277 000**	
长期股权投资	迅美科技——投资成本 ☹	**300 000**	
持有至到期投资		**118 000**	
	债券投资——面值☹	100 000	
	债券投资——应计利息☹	18 000	
固定资产	见表 3.5	**13 123 380**	
累计折旧	见表 3.5		**3 865 637.66**
工程物资	见表 3.4	**24 000**	
在建工程	新办公楼	**5 800 000**	

续表

总分类账户	明细分类账户	借方余额	贷方余额
无形资产		**600 000**	
	XD-0506 电话机模板软件 ☹	360 000	
	XD-0508 电话机模板软件 ☹	240 000	
累计摊销			**432 000**
	XD-0506 电话机模板软件 ☹		288 000
	XD-0508 电话机模板软件 ☹		144 000
递延所得税资产		**24 000**	
二、负债类账户			
短期借款	工商银行流动资金贷款 ☹		**4 000 000**
应付票据	石家庄有机塑料股份有限公司☹		**120 510**
应付账款			**327 600**
	重庆市同德化工厂 ☹		93 600
	丰达市通讯器材公司 ☹		234 000
预收账款	大连商贸股份有限公司 ☹		**120 000**
应付职工薪酬			**629 446.61**
	应付工资		448 004.70
	住房公积金		49 280.52
	养老保险		89 600.94
	医疗保险		33 600.36
	失业保险金		8 960.09
应付利息	短期借款利息		**42 000**
应付股利			**540 000**
	国有股		324 000
	职工股		216 000
应交税费			**77 536.84**
	未交增值税		50 891.71
	应交城建税		3 583.42
	应交营业税		300
	应交所得税		21 225.96
	教育费附加		1 535.75
其他应付款	临时工押金		**10 000**
长期借款			**1 000 000**
	建设银行五年期借款——本金 ☹		1 000 000
递延所得税负债			**15 000**
三、所有者权益类账户			
股本			**12 752 000**
	国有股		7 651 200
	职工股		5 100 800
资本公积	一般资本公积金		**729 984.89**
盈余公积			**1 505 920**
	法定公积金		945 920
	任意公积金		560 000
利润分配	未分配利润		**1 450 000**
四、成本费用类			
生产成本		**75 830**	
	见表 3.3	53 830	
	自制半成品　见表 3.2	22 000	
合　计		**27 631 676**	**27 631 676**

备注：凡标记 ☹ 的账户需参阅本章第四节备查数据。

2. 存货所属明细分类账户余额

存货（不包括未入库的半成品和在产品）所属明细分类账户余额，见表3.2。

表 3.2 存货所属明细分类账户余额 单位：元

总分类账户	二级明细账户	数量	金额
原材料	塑料-0506	460 千克	3 680
	塑料-0508	700 千克	7 000
	添加剂-0506	300 千克	1 500
	添加剂 0508	400 千克	2 000
	电话机主板-0506	252 个	5 040
	电话机主板-0508	300 个	9 000
	电话机显示屏-0506	240 个	2 400
	电话机显示屏-0508	240 个	2 880
	送话器、受话器	500 个	3 000
	金额小计		**36 500**
生产成本——自制半成品	HXD-0506 半成品	1 000 个	9 000
	HXD-0508 半成品	1 040 个	13 000
	金额小计		**22 000**
库存商品	XD-0506 电话机	2 000 件	122 000
	XD-0508 电话机	2 000 件	155 000
	金额小计		**277 000**
低值易耗品	办公桌 （办公用具）	5 张	2 450
	文件柜 （办公用具）	5 组	2 000
	转椅 （办公用具）	15 把	3 000
	机油 （机物料）	60 千克	360
	黄油 （机物料）	60 千克	300
	工作服 （劳保用品）	350 套	34 300
	手套 （劳保用品）	600 双	7 200
	电工组合工具 （工具）	8 套	608
	修理组合工具 （工具）	10 套	1 100
	金额小计		**51 318**

3. 生产成本所属明细分类账户余额

生产成本所属明细分类账户余额，见表3.3。

表 3.3 生产成本所属明细分类账户余额 单位：元

成本项目 / 核算对象	直接材料	自制半成品	直接人工费用	其他直接费用	制造费用	合计
HXD-0506 半成品	6 900		2 440	780	2 100	12 220
HXD-0508 半成品	6 200		1 200	330	2 300	10 030
XD-0506 电话机	2 300	5 620	2 000	660	1 800	12 380
XD-0508 电话机	3 400	7 390	4 000	610	3 800	19 200
	合计					53 830

4. 工程物资所属明细分类账户余额

工程物资所属明细分类账户余额，见表3.4。

表 3.4 工程物资所属明细分类账户余额

总分类账户	二级明细分类账户	数量/吨	余额/元
工程物资	钢材	10	20 000
	水泥	20	4 000

5. 固定资产所属明细分类账户余额

固定资产所属明细分类账户余额，见表 3.5。

表 3.5 固定资产所属明细分类账户余额　　单位：元

固定资产类别	明细分类账户					原始价值	月折旧率/%	累计已提折旧
	使用部门	品名	单位	数量	单价			
生产设备	一车间	A 设备	台	5	200 000	1 000 000	1.01	505 000
		B 设备	台	5	240 000	1 200 000	1.01	606 000
	二车间	X 设备	台	8	44 750	358 000	1.01	180 790
		Y 设备	台	8	40 000	320 000	1.04	129 792
	机修车间	维修设备	台	3	25 000	75 000	1.04	28 080
	小　计					2 953 000		1 449 662
房屋	一车间	一号厂房	栋	1	2 600 000	2 600 000	0.42	546 000
	二车间	二号厂房	栋	1	260 000	2 600 000	0.42	546 000
	机修车间	辅一楼	栋	1	280 000	280 000	0.42	42 336
	公司总部	行政办公楼	栋	1	4 120 000	4 120 000	0.42	865 200
		仓库	栋	1	97 200	97 200	1.67	81 162
	小　计					9 697 200		2 080 698
办公设备	公司总部	IBM 微机	台	9	8 000	72 000	1.67	60 120
		复印机	台	1	24 000	24 000	1.67	20 040
		佳伦打印机	台	9	2 100	18 900	1.67	15 781.5
		红旗轿车	辆	2	160 000	320 000	1.67	213 760
	一车间	戴尔微机	台	2	9 500	19 000	1.67	12 692
		四通打印机	台	1	1 000	1 000	1.67	668
	二车间	IBM 微机	台	2	8 500	17 000	1.67	11 356
		四通打印机	台	1	1 280	1 280	1.68	860.16
	小　计					473 180		335 277.66
总　计						13 123 380		3 865 637.66

6. 产品数量及加工进度

产品数量及加工进度，见表 3.6。

表 3.6 产品数量及加工进度　　单位：件

产　品	期初在产品		本期投入	期末在产品		完工数量
	数量	完工程度	数量	数量	完工程度	
HXD-0506 半成品	3 000	50%	22 000	3 000	50%	22 000
HXD-0508 半成品	2 000	50%	27 000	2 000	50%	27 000
XD-0506 电话机	3 000	50%	23 000	4 000	50%	22 000
XD-0508 电话机	2 000	50%	27 000	4 000	50%	25 000

第四节 备查簿数据

1）交易性金融资产——债券投资，我公司于债券发行日（2013 年 7 月 1 日），按面值（100 元）购买该债券 600 张，票面年利率为 6%。

2）应收票据——丰达市燕莎商场，属商业承兑汇票，票面金额 46 800 元，期限 4 个月，出票日期为 2013 年 9 月 9 日、承兑日期为 2014 年 1 月 9 日，出票人、承兑人均为丰达市燕莎商场。

3）应收账款——沈阳五交化股份有限公司，2013 年 1 月 10 日发生，已过收款期，对方近期准备清算。

——成都华联商场，2013 年 7 月 28 日发生，已过收款期。

——上海易购股份有限公司，2013 年 8 月 26 日发生，已过收款期。

——丰达市燕莎商场，2013 年 10 月 11 日发生，已过收款期。

4）预付账款——石家庄有机塑料股份有限公司，2013 年 12 月 17 日发生，正常往来。

——丰达市集成模板股份有限公司，2013 年 12 月 11 日发生，正常往来。

——红旗轿车保险费，公司 2 辆轿车于 2013 年 7 月 1 日参保，年保费 12 000 元，分 12 个月摊销。

5）长期股权投资——迅美科技，我公司于 2011 年 12 月 1 日和美华通讯设备研究所各出资 50%设立迅美科技股份有限责任公司。双方各投入资金 300 000 元。迅美科技股份有限责任公司的地址：丰达市泰康大道 309 号；电话：0311-87866178；开户银行：工商银行泰康支行，账号：21-7709-1618。

6）持有至到期投资——债券投资，我公司于 2011 年 1 月 1 日购入国库券，面值 100 000 元，票面利率 6%，期限 5 年，属到期一次还本付息式无记名国库券。

7）无形资产——XD-0506 电话机模板软件，2009 年 12 月 25 日购入，原价 360 000 元，摊销期 60 个月。

——XD-0508 电话机模板软件，2010 年 12 月 30 日购入，原价 240 000 元，摊销期 60 个月。

8）短期借款——工商银行流动资金贷款，2013 年 10 月 30 日借入，本金 4 000 000 元，期限 3 个月，月利率为 0.525%，利随本清。

9）应付票据——石家庄有机塑料股份有限公司，我公司于 2013 年 10 月 30 日签发并承兑的商业承兑汇票一张，票面金额 117 000 元，票面月利率 1.5%，期限三个月，期满见票即付。

10）应付账款——重庆市同德化工厂 93 600 元，我公司于 2013 年 12 月 16 日购料时所欠的货款。

——丰达市通讯器材公司 234 000 元，我公司于 2013 年 12 月 20 日购料时所欠货款。

11）预收账款——大连商贸股份有限公司 120 000 元，此款是大连商贸股份有限公司有限公司 2013 年 12 月 20 日预付的，用于购买话机。

12）长期借款——建设银行五年期基建借款，2013 年 12 月 30 日借入，本金 1 000 000 元，年利率 6.79%，按单利计息，分期付息。

第五节 会计报表期初数据

1. 资产负债表

资产负债表，见表 3.7。

表 3.7 资产负债表

编制单位：丰达市讯达通讯设备股份有限责任公司 会股 01 表

2013 年 12 月 31 日 单位：元

资　　产	行次	期末数	年初数	负债和股东股益	行次	期末数	年初数
流动资产：				流动负债：			
货币资金	1	6 369 928	2 687 000	短期借款	61	4 000 000	
交易性金融资产	2	60 000	46 000	应付票据	62	120 510	
应收票据	3	46 800	30 000	应付账款	63	357 600	116 819.50
应收账款	4	687 960	803 600	预收款项	64	120 000	131 000
预付款项	5	46 000	84 200	应付职工薪酬	66	629 446.61	200 900
应收利息	6			应付利息	67	42 000	0
应收股利	7			应付股利	68	540 000	230 000
其他应收款	8	5 000	7 100	应交税费	69	77 536.84	857 790
存货	9	442 568	398 449	其他应付款	70	10 000	1 100.50
一年内到期的非流动资产				一年内到期的长期负债	71		
其他流动资产				其他流动负债	72		
流动资产合计	35	7 658 256	4 056 349	流动负债合计	73	5 897 093.45	765 598
非流动资产：				非流动负债：	80		
可供出售金融资				长期借款		1 000 000	533 950
持有至到期投资		118 000	112 000	应付债券	81		
长期应收款	36			长期应付款	82		
长期股权投资	36	300 000		专项应付款	85		
投资性房地产	40			预计负债			
固定资产	41	9 257 742.34	10 903 878	递延所得税负债	90	15 000	
在建工程	47	5 800 000	1 800 000	其他非流动负债			
工程物资	46	24 000	16 500	非流动负债合计		1 015 000	533 950
固定资产清理	45			负债合计	92	6 912 093.45	1 299 548
无形资产	51	168 000	178 000	股东权益：			
开发支出				股本	93	12 752 000	12 752 000
商誉	51			资本公积	94	729 984.89	

续表

资　　产	行次	期末数	年初数	负债和股东股益	行次	期末数	年初数
长期待摊费用	5			减：库存股			
递延所得税资产	54	24 000		盈余公积	95	1 505 920	1 718 597.08
其他非流动资产	56			未分配利润	97	1 450 000	1 296 581.42
非流动资产合计		15 691 742.34	13 010 378	股东权益合计	98	16 437 904.89	15 767 178.50
资产总计	60	23 349 998.34	17 066 727	负债和权益总计	99	23 349 998.34	17 066 727

2. 利润表

利润表见表 3.8。

表 3.8　利润表

编制单位：丰达市讯达通讯设备股份有限责任公司　　会股 02 表

2013 年 12 月　　单位：元

项　　目	行　　次	本 月 数	本年累计数
一、营业收入	1	1 432 080	18 617 040
减：营业成本	2	950 016	11 215 868
营业税金及附加	3	104 760	1 301 300
销售费用	4	128 700	1 351 350
管理费用	5	71 500	786 500
财务费用	10	6 330	11 300
资产减值损失	11		
加：公允价值变动收益（损失以“－”号填列）	12		
投资收益（损失以“－”号填列）	13	40 000	160 000
其中：对联营企业和合营企业的投资收益	14	30 000	100 000
二、营业利润（亏损以“－”号填列）	18	210 774	4 110 722
加：营业外收入	19		
减：营业外支出	22	1 000	2 000
其中：非流动资产处置损失	23	1 000	2 000
三、利润总额（亏损以“－”号填列）	27	209 774	4 108 722
减：所得税费用	28	56 355.42	1 303 078.26
四、净利润（净亏损以“－”号填列）	30	153 418.58	2 805 643.74

附注：

非常项目	上年实际数	本年累计数
出售、处置部门或被投资单位		
自然灾害发生的损失	1 800	2 000
会计政策变更		
其他		

第四章 实验要求

第一节　日常业务相关凭证编制及账簿登记要求

一、总体步骤和要求

本节的基本要求是，对2014年1月丰达市讯达通讯设备股份有限责任公司的日常经济业务，按照科目汇总表核算组织程序的要求，进行一系列账务处理，具体内容包括：审核检查相关业务的外来原始凭证（包括增值税专用发票、普通发票；银行进账单、委托收款划款凭证等）。

审查相关业务的自填、自制原始凭证（包括提供销售和劳务应向对方出具的增值税专用发票、普通销售发票；入库单、出库单；公司内部职工借款单、还款收据、差旅费报销单等）。

1．原始凭证填制的要求

1）经办人员在填制原始凭证时，要对经济业务的内容进行审核，审核无误后才能填制原始凭证，凭证所反映的经济业务必须合法，必须符合国家有关政策、法令、规章、制度的要求，不符合以上要求的，不得列入原始凭证。

2）填制在凭证上的内容和数字，必须真实可靠，符合有关经济业务的实际情况，各种凭证的内容必须逐项填写齐全，不得遗漏，必须手续完备，经办业务的有关部门和人员要认真审查，签名盖章。

3）各种凭证的书写要用蓝黑墨水，文字要简要，字迹要清楚，易于辨认。不得使用未经国务院公布的简化字；对阿拉伯数字要逐个写清楚，不得联写；在数字前应填写人民币符号“￥”；属于套写的凭证，一定要写透，不要上面清楚，下面模糊。

4）大小写金额数字要符合规格，正确填写。小写金额用阿拉伯数字，应当一个一个地写，不得连笔写；汉字大写数字金额如零、壹、贰、叁、肆、伍、陆、柒、捌、玖、拾、佰、仟、万、亿等，一律用正楷或者行书体书写；不得用简化字代替；所有以元为单位的阿拉伯数字，除表示单位等情况外，一律填写到角位和分位；无角位和分位的，角位和分位写“00”；有角位无分位的，分位应当写“0”，不得用符号“—”代替。

5）各种凭证不得随意涂改、刮擦、挖补，填写错误需要更正时，应用画线更正法，即将错误的文字和数字，用红色墨水画线注销，再将正确的数字和文字用蓝字写在画线部分的上面，并签字盖章。发票类凭证如填错，必须加盖“作废”章，重新填制正确的凭证。

6）各种凭证必须连续编号，以便查考。各种凭证如果已预先印定编号，在填错作废时，应当加盖“作废”戳记，并单独保存，不得撕毁。

7）各种凭证必须及时填制，一切原始凭证都应按照规定程序，及时送交财会部门，由财会部门加以审核，并据以编制记账凭证。

2．原始凭证的审核要求

（1）会计人员审核内容

为了如实反映经济业务的发生和完成情况，充分发挥会计的监督职能，保证会计信息的真实性、可靠性和正确性，会计机构、会计人员必须对原始凭证进行严格审核。具体包括：

1）审核原始凭证的真实性。原始凭证作为会计信息的基本信息源，其真实性对会计信息的质量具有至关重要的影响。其真实性的审核包括凭证日期是否真实、业务内容是否真实、数据是否真实等内容的审查。对外来原始凭证，必须有填制单位公章和填制人员签章；对自制原始凭证，必须有经办部门和经办人员的签名或盖章。此外，对通用原始凭证，还应审核凭证本身的真实性，以防假冒。

2）审核原始凭证的合法性。审核原始凭证所记录经济业务是否有违反国家法律法规的情况，是否履行了规定的凭证传递和审核程序，是否有贪污腐化等行为。

3）审核原始凭证的合理性。审核原始凭证所记录经济业务是否符合企业生产经营活动的需要、是否符合有关的计划和预算。

4）审核原始凭证的完整性。审核原始凭证各项基本要素是否齐全，是否有漏项情况，日期是否完整，数字是否清晰，文字是否工整，有关人员签章是否齐全，凭证联次是否正确等。

5）审核原始凭证的正确性。审核原始凭证各项金额的计算及填写是否正确，包括：阿拉伯数字分位填写，不得连写；小写金额前要标明“￥”字样，中间不能留有空位；大写金额前要加“人民币”字样，大写金额与小写金额要相符；凭证中有书写错误的，应采用正确的方法更正，不能采用涂改、刮擦、挖补等不正确方法。

6） 审核原始凭证的及时性。原始凭证的及时性是保证会计信息及时性的基础。为此，要求在经济业务发生或完成时及时填制有关原始凭证，及时进行凭证的传递。审核时应注意审查凭证的填制日期，尤其是支票、银行汇票、银行本票等时效性较强的原始凭证，更应仔细验证其签发日期。

原始凭证的审核是一项十分重要、严肃的工作，经审核的原始凭证应根据不同情况处理：对于完全符合要求的原始凭证，应及时据以编制记账凭证入账；对于真实、合法、合理但内容不够完整、填写有错误的原始凭证，应退回给有关经办人员，由其负责将有关凭证补充完整、更正错误或重开后，再办理正式会计手续；对于不真实、不合法的原始凭证，会计机构、会计人员有权不予接受，并向单位负责人报告。

根据审核后的外来及自制原始凭证填制记账凭证，针对不太熟悉的业务应该先编制会计分录底稿，确认正确无误后方可在正式的记账凭证上填写，以节约实验材料，并养成良好的工作习惯。

（2）注意事项

各种记账凭证的填制，除了严格做到填制原始凭证要求外，还必须注意以下几点：

1）填制记账凭证，可以根据每一份原始凭证单独填制，也可以根据同类经济业务的多份原始凭证汇总填制，还可以根据汇总原始凭证填制。

2）内容填写必须齐备，记账凭证填制内容一般包括：填制记账凭证的日期；凭证编号；经济业务事项摘要；应记录的会计科目、方向和金额；记账符号；记账凭证所附原始凭证的张数；记账凭证的填制人员、稽核人员、记账人员和会计主管人员的签名或盖章，此外，收、付款凭证还需出纳人员的签章。填写时应逐项填制，不得遗漏。出纳人员根据收付款凭证收付款项，要在凭证上加盖“收讫”或“付讫”戳记，以免重复收付，防止差错。

3）记账凭证的摘要栏是对经济业务的简要说明，又是登记账簿的重要依据，必须针对不同性质的经济业务的特点，考虑到登记账簿的需要，正确填写，简明扼要，明确清晰。

4）必须按照会计制度统一规定的会计科目，根据经济业务的性质，编制会计分录，以保证核算口径一致，便于综合汇总。

5）记账凭证的日期。收、付款凭证应按货币资金收付的日期填写；转账凭证原则上应按收到原始凭证的日期填写。如果一份转账凭证依据不同日期的某类原始凭证填制时，可按填制凭证日期填写。在月终时，有些转账业务要等到下月初方可填制转账凭证时，也可按月末的日期填写。

6）记账凭证在一个月内应当连续编号，以便查核。在使用通用凭证时，可按经济业务发生的顺序编号。采用收款凭证、付款凭证和转账凭证的，可采用“字号编号法”。即按凭证类别顺序编号。例如：现收字第×号、现付字第×号、银收字第×号、银付字第×号、转字第×号等。也可采用“双重编号法”。即按总字顺序编号与按类别编号相结合的方法。例如：某收款凭证为“总字第×号，现收字第×号”。一笔经济业务，需要编制两张以上转账凭证时，可采用“分数编号法”，例如，一笔经济业务需要编制两张转账凭证，凭证的顺序号为10号时，可编为转字第10-1/2号、转字第10-2/2号。前面的整数表示业务顺序，分母表示此笔业务共编两张记账凭证，分子表示两张中的第一张和第二张。

7）记账凭证上应注明所附的原始凭证张数，以便查核。如果根据同一原始凭证填制数张记账凭证时，则应在未附原始凭证的记账凭证上注明“附件××张，见第××号记账凭证”。如果原始凭证需要另行保管时，则应在附件栏目内加以注明，但更正错账和结账的记账凭证可以不附原始凭证。

8）金额填写应准确，每张记账凭证必须填写合计栏金额，并在合计金额前加人民币符号“￥”，并将金额栏最后一笔的金额数字下至合计金额之间的空栏处画对角线或画“∫”线注销。

9）在同一项经济业务中，如果既有现金或银行存款的收付业务，又有转账业务时，应相应地填制收、付款凭证和转账凭证。如业务员出差回来，报销差旅费500元，走前已预借800元，剩余款项交回现金。对于这项经济业务应根据收款收据的记账联填制现金收款凭证，同时根据差旅费报销凭单填制转账凭证。

10）记账凭证登记入账后，应在“记账”栏标明已入账的标记“√”，并由记账人员在记账凭证上签章。

11）记账凭证如果填错，应该作废重填。

（3）稽核人员审核内容

交换人员审核已填制的记账凭证。为了保证会计信息的质量，在记账之前应由有关稽核人员对记账凭证进行严格的审核。其审核的主要内容是：

1）内容是否真实。审核记账凭证是否有原始凭证为依据，所附原始凭证的内容与记账凭证的内容是否一致，记账凭证汇总表的内容与其所依据的记账凭证的内容是否一致等。

2）项目是否齐全。审核记账凭证各项目的填写是否齐全，如日期、凭证编号、摘要、会计科目、金额、所附原始凭证张数及有关人员签章等。

3）科目是否正确。审核记账凭证的应借、应贷科目是否正确，是否有明确的账户对应关系，所使用的会计科目是否符合国家统一的会计制度的规定等。

4）金额是否正确。审核记账凭证所记录的金额与原始凭证的有关金额是否一致、计算是否正确，记账凭证汇总表的金额与记账凭证的金额合计是否相符等。

5）书写是否正确。审核记账凭证中的记录是否文字工整、数字清晰，是否按规定进行更正等。

此外，出纳人员在办理收款或付款业务后，应在凭证上加盖“收讫”或“付讫”的戳记，以避免重收重付。

依据经审核后的记账凭证，编制科目汇总表底稿（也称之为科目汇总表附表），在仔细核对没有业务遗漏、错误后，检验平衡，并编制正式的科目汇总表。

科目汇总表又称“记账凭证汇总表”。科目汇总表核算组织程序中要求根据记账凭证定期汇总编制、列示有关一级科目及其本期借方、贷方发生额，据以登记总分类账的一种汇总凭证。通常根据收款凭证、付款凭证和转账凭证或通用记账凭证，按照相同的科目归类，每隔几天（5天、10天、15天）汇总编制一张。在科目汇总表的编制时，首先，根据记账凭证编制“T”形账户（或科目汇总表底稿），将本期各会计科目的发生额一一记入有关“T”形账户（或科目汇总表底稿）；然后计算各个账户的本期借方发生额与贷方发生额合计数；最后将此发生额合计数填入科目汇总表中与有关科目相对应的“本期发生额”栏，并将所有会计科目本期借方发生额与贷方发生额进行合计，借贷相等后，一般说明无误，可用以登记总账。应该注意的是，编制记账凭证时应当对记账凭证连续编号，以分清会计事项处理的先后顺序，便于记账凭证与会计账簿核对，确保记账凭证完整无缺。

科目汇总表编制完毕后，依据科目汇总表登记总分类账，依据科目汇总表所属记账凭证、原始凭证或汇总原始凭证登记相关日记账、明细账、备查簿。

要求在建立总账的基础上，先将模拟企业概况及模拟期初资料中各总分类账户的期初余额过录到各对应账户，然后将科目汇总表中各总分类账户的本期发生额按时间顺序依次登记到总账中去。在启用总账之前，应先填写账簿启用及交接记录。

依此会计循环进行下一个科目汇总区间经济业务的系列相关会计处理。

二、业务原始凭证

丰达市讯达通讯设备股份有限责任公司2014年1月的日常经济业务共60笔，分别编号为业务1～业务60，各业务相关原始凭证附后。

第二节　期末调整业务相关凭证编制及账簿登记要求

一、总体步骤和要求

本节的基本要求是，对2014年1月丰达市讯达通讯设备股份有限责任公司的期末综合业务，结合公司的具体会计制度、国家与地方的税务相关法律、法规、规章，进行一系列的期末核算和调整，基本内容包括：

1）期末财产清查。

2）计算长期借款利息，以及其他长期债务的利息。

3）计算应由本月负担的待摊费用。

4）分配工资并提取职工教育经费、工会经费。

5）计提职工医疗保险金、养老保险金、住房公积金。

6）分配各种材料费用计算并调整材料成本差异。

7）分配动力费用，编制费用分配表。

8）分配辅助费用，编制费用分配表。

9）计算制造费用，编制制造费用分配表。

10）计算、结转完工产品成本。

11）计算调整自制半成品、库存商品定额成本差异。

12）计算、结转本期销售成本。

13）计算本期应交纳的其他税、费。

14）月末计算应预缴的所得税，年终计算清缴所得税。

15）计算本期应交的增值税并转至“应交税费——未交增值税”账户。

16）期末结转损益类账户余额至“本年利润”账户（遇年终时还需进行利润分配相关账务处理）。

二、业务原始凭证

丰达市讯达通讯设备股份有限责任公司2014年1月的期末调整业务共19笔，分别编号为业务61～业务79，各业务相关原始凭证附后。月末调整业务如下：

业务61　调整、确定出租设备的租金收入。

业务62　计算应付债券利息，同时摊销债券的折溢价。

业务 63　计算短期借款利息。

业务 64　计算长期债务的利息。

业务 65　摊销应由本月负担的预付保险费。

业务 66　期末财产清查。

业务 67　计算职工养老保险金、住房公积金；分配工资并提取职工教育费、工会经费。

业务 68　分配各种材料费用以及材料成本差异。

业务 69　分配动力费用。

业务 70　分配辅助生产费用。

业务 71　摊销应由本月负担的无形资产摊销额。

业务 72　将本月的研发支出中的费用化支出转作管理费用。

业务 73　计算、分配制造费用。

业务 74　计算、结转完工产品成本；调整自制半成品、库存商品定额成本差异。

业务 75　计算、结转本期销售成本。

业务 76　计算、转出当月未交增值税。

业务 77　计算本期应交纳的其他税、费。

业务 78　期末结转损益类账户余额至“本年利润”账户。

业务 79　月末计算应预缴的所得税，年终计算清缴所得税。

第三节　会计报表编制要求

一、会计报表的作用

会计报表是以日常核算资料为主要依据编制的，用来集中、概括地反映企业和行政事业等单位的财务状况、经营成果以及成本费用情况的书面文件。编制会计报表，是会计核算的又一种专门方法，也是会计工作的一项重要内容。

会计报表的作用在于：

1）为投资者充分了解各单位财务状况进行投资决策，提供必要的信息资料。

2）为债权人提供该单位的资金运转情况、短期偿债能力和支付能力的信息资料。

3）为单位内部的经营管理者进行的日常经营管理，提供必要的信息资料。

4）为财政、工商、税务等行政管理部门，提供对单位实施管理和监督的各项信息资料。

5）为审计机关检查、监督各单位的生产经营活动，提供必要的信息资料。

二、会计报表的种类

不同性质的经济单位，由于会计核算的内容不一样，经济管理的要求也不尽相同，所编制的会计报表的种类也不尽相同。就企业而言，其所编制的会计报表也可以按不同的标志划分为不同的类别。

（1）按反映经济内容不同分类

按照会计报表所反映的经济内容不同，可分为反映财务状况的报表、反映财务成果的报表和反映费用、成本的报表三类。

1）反映企业财务状况及其变动情况的会计报表，包括“资产负债表”和“现金流量表”。

2）反映企业收入及财务成果的会计报表，包括“利润表”、“主营业务收支明细表”、“利润分配表”。

3）反映企业费用支出和成本情况的会计报表，包括“期间费用表”、“制造费用表”、“商品产品成本表”和“主要产品单位成本表”等。

（2）按报送对象不同分类

按照会计报表报送对象不同，可分为对外会计报表和对内会计报表两类。

1）对外会计报表，企业对外报送的会计报表包括“资产负债表”、“利润表”、“现金流量表”以及相关附表和报表附注。企业对外报送的会计报表的种类、具体格式和编制方法均由财政部统一制定，任何单位都不得随意增减。

2）对内会计报表，企业对内会计报表一般包括“期间费用表”、“制造费用表”、“商品产品成本表”和“主要产品单位成本表”。对内会计报表的种类、格式、内容及编制方法是根据企业内部管理的需要自行规定、自行设计的。

（3）按编报会计主体不同分类

按照会计报表编报会计主体的编制不同，可分为个别会计报表和合并会计报表两类。

1）个别会计报表，是指仅反映对外投资企业本身的财务状况和经营成果的会计报表。

2）合并会计报表，是指企业有对外投资时，按照合并会计报表的合并范围，将被投资企业与本企业视为一个整体，将其有关经济指标与本企业的数字经过合并抵消之后，编制的会计报表。合并会计报表所反映的是投资企业与被投资企业共同的财务状况与经营成果。

（4）按编制时间不同分类

按照会计报表编制的时间不同，可分为年度会计报表、季度会计报表和月份会计报表。

1）年度会计报表（年报）是用以总括反映企业年终财务状况和经营成果的报表，主要包括“资产负债表”、“利润表”、“现金流量表”。

2）季度会计报表（季报）是用以反映企业一个季度内的主要经营活动成果及季度末财务状况等情况的会计报表，如“主要产品单位成本表”等。

3）月份会计报表（月报）是用以反映月份内企业经营活动成果及月末财务状况等情况。包括“资产负债表”、“利润表”、等主要会计报表。

此外，在某种特殊情况下则需编制不定期会计报表，例如在企业宣布破产时应编制和报送破产清算会计报表。

上述会计报表的主要分类情况列表反映见表4.1。

为了帮助会计报表的使用者更加清晰、明了地了解和掌握企业的经济活动情况，使会计报表在经济管理中发挥更大的作用，在编制、报送年度会计报表的同时，应撰写并报送财务情况说明书。对外报送的财务报表和财务情况说明书，构成了企业对外报送的财务报告。

表 4.1 会计报表的主要分类情况列表

报表名称	按经济内容分类			按报送对象分类		按编报时间分类		
	财务状况报表	财务成果报表	费用成本报表	对外报表	对内报表	年报	季报	月报
资产负债表	✓			✓				✓
利润表		✓		✓				✓
利润分配表		✓		✓		✓		
主营业务收支明细表		✓		✓		✓		
所有者权益变动表	✓			✓		✓		
现金流量表	✓			✓		✓		
期间费用表			✓		✓	✓		
制造费用表			✓		✓	✓		
商品产品成本表			✓		✓			✓
主要产品单位成本表			✓		✓		✓	

三、会计报表的编制要求

为了充分发挥会计报表的作用，会计报表的种类、格式、内容和编制方法，都应按照财政部统一制定的准则来编报，才能保证会计报表口径一致，以便于各有关会计报表使用者利用会计报表数据，进行相关的分析与决策。

为了保证会计报表的质量，企业编制会计报表必须符合以下要求：

1）内容完整。

2）数字真实。

3）计算正确。

4）编报及时。

四、会计报表编制的实验要求

请依据丰达市讯达通讯设备股份有限责任公司 2014 年 1 月的有关资料，编制 2014 年 1 月 31 日的“资产负债表”以及 2014 年 1 月的“利润表”和“现金流量表”。

报表编制参考格式附后。

第五章

模拟业务学习指导及参考答案

第一节　日常业务学习指导

业务 1 指导

（1）业务的基本经济内容

2014 年 1 月 1 日，建华通讯器材公司以转账方式预付一年的租金 120 000 元。

（2）业务凭证审核要点

该笔业务的原始凭证有 3 张：增值税专用发票；银行进账单；租赁合同。

凭证审核的要点分别是：①营改增后，出租有形动产时增值税率为17%，检查增值税专用发票上数量、单价、金额、合计数有无填写错误，大小写金额是否相符，是否有开票单位的财务专用章，有关经办人员是否都已签名盖章等。②审查银行进账单上的收、付款人名称是否正确无误，审查划转金额是否正确等。③查阅租赁合同与经济业务的一致性。

（3）业务的会计分录

借：银行存款——工行丰达支行　　140 400

　　贷：预收账款——建华通讯设备公司　　120 000

　　　　应交税费——应交增值税（销项税额）　　20 400

业务 2 指导

（1）业务的基本经济内容

2014 年 1 月 1 日，转让我公司购买的长安债券，收到本金和利息，已存入银行。

（2）业务分析

该笔业务的具体情况，可查阅第三章期初备查簿数据。

（3）业务凭证审核要点

该笔业务的原始凭证有 2 张：银行进账单；有价证券处置通知单。

凭证审核的要点是：①审查银行进账单上的收、付款人名称是否正确无误，审查划转金额是否正确等。②审查有价证券处置通知单的数量是否正确，有关责任人签名是否齐全、合法。

（4）业务的会计分录

借：银行存款——工行丰达支行　　61 800

　　贷：交易性金融资产——债券投资　　60 000

　　　　投资收益　　1 800

业务 3 指导

（1）业务的基本经济内容

2014 年 1 月 1 日发行债券，面值为 100 万元，期限 5 年，年利率 5.7%，发行价格为 102.40 元，发行承销费和发行手续费共计 6 000.00 元计入在建工程，扣除发行承销费和发行手续费后将筹集资金转入建设银行的账户。

（2）业务凭证审核要点

该笔业务的原始凭证有 2 张：银行进账单；债券委托发行协议书。

凭证审核的要点是：①审查银行进账单上的收、付款人名称是否正确无误，审查划转金额是否正确等。②审查债券委托发行协议书的日期、数量和相关签字是否齐全等。

（3）业务的会计分录

借：银行存款——建行丰达支行　　1 018 000

　　在建工程　　6 000

　　贷：应付债券——面值　　1 000 000

　　　　　　　　——利息调整　　24 000

（4）备查事项的记录

在“应付债券备查簿”上记录：

债券种类：5 年期债券

资金用途：新办公楼建设

承销单位：国泰君安丰达市证券营业部

发 行 价：102.4 元

面　　值：100 元

数　　量：10 000

发行日期：2014 年 1 月 1 日

到期日期：2018 年 12 月 31 日

业务 4 指导

（1）业务的基本经济内容

2014 年 1 月 4 日，从中国工商银行丰达支行借入为期六个月的借款 912 000 元，年利率为 5.494%。

（2）业务凭证审核要点

该笔业务的原始凭证有 1 张：工行借款回单。

凭证审核的要点是：审查工行借款回单上的收、付款人名称是否正确无误，审查划转金额是否正确等。

（3）业务的会计分录

借：银行存款——工行丰达支行 912 000

　　贷：短期借款——工行丰达支行 912 000

（4）备查事项的记录

在“应付债券备查簿”上记录：

借款日期：2014 年 1 月 4 日

到期日期：2014 年 7 月 4 日

借 款 行：工行丰达支行

借款利率：年利率 5.494%

经 办 人：尤冕

业务 5 指导

（1）业务的基本经济内容

2014 年 1 月 4 日，银行通知收到上海易购股份有限公司的款项 304 200 元。一部分用于归还上海易购股份有限公司前欠货款，一部分作为上海易购股份有限公司预付款处理。

（2）业务凭证审核要点

该笔业务的原始凭证有 1 张：银行进账单。

凭证审核的要点是：审查银行进账单上的收、付款人名称是否正确无误，审查划转金额是否与账面余额一致等。

（3）业务的会计分录

借：银行存款——工行丰达支行 304 200

　　贷：应收账款——上海易购股份有限公司 304 200

业务 6 指导

（1）业务的基本经济内容

2014 年 1 月 4 日，公司管理部门购买办公用品，支付现金 500 元。

（2）凭证审核要点

该笔业务的原始凭证有 1 张：商业销售发票。

凭证审核的要点是：审查发票上的客户名称、开票时间是否正确，是否有清晰的财务专用章等。审查发票上是否有具体的商品名称，数量、单位、单价、金额是否有不妥。

（3）业务的会计分录

借：管理费用——办公用品 500

　　贷：库存现金 500

业务7指导

（1）业务的基本经济内容

2014年1月4日，购买印花税票200元，税款现金付讫。

（2）业务分析

该笔业务的原始凭证有1张：印花税报销专用凭证。

支付印花税应该计入当期的管理费用，数额巨大的还需要分期摊销，本笔业务数额不大，可以不作分摊。

（3）业务的会计分录

借：管理费用——印花税　　200

　　贷：库存现金　　200

业务8指导

（1）业务的基本经济内容

2014年1月4日，向丰达市通讯器材公司转让XD - 0506话机生产工艺的特许权，期限两年，收取丰达市通讯器材公司签发的为期六个月的商业承兑汇票，票面值50 000元。

（2）业务分析

本项业务属于特许权转让，且无后续的培训等服务费用支出，故转让所得全部确认为本期的“其他业务收入”，营改增后，特许权转让时增值税率为6%。

（3）业务凭证审核要点

该笔业务的原始凭证有3张：特许经营合同、增值税专用发票和商业承兑汇票。

凭证审核要点是：①审查特许转让合同上的合同条款内容以及双方的签章、日期是否正确等。②审查增值税专用发票各项目是否填写齐全，数量、单价、金额、合计数有无填写错误，大小写金额是否相符，是否有销售单位财务专用章，有关经办人员是否都已签名盖章等。③审查商业承兑汇票各项目是否填写齐全，数量、单价、金额、合计数有无填写错误，大小写金额是否相符，是否有增值税专用发票章及销售单位财务专用章，有关经办人员是否都已签名盖章等。

（4）业务的会计分录

借：应收票据——丰达市通讯器材公司　　53 000

　　贷：其他业务收入　　50 000

　　　　应交税费——应交增值税——（销项税额）　　3 000

（5）备查事项的记录

在“无形资产处置登记簿”上记录：

无形资产名称：XD - 0506话机生产工艺　　转让的权属：特许权

转 让 期 限：2014年1月4日～2016年1月4日

受 让 单 位：丰达市通讯器材公司　　交易日期：2014年1月4日

业务 9 指导

（1）业务的基本经济内容

2014 年 1 月 5 日交纳各项税费，其中支付所得税 21 225.96 元，增值税 50 981.71 元，城市维护建设税 3 583.42 元，营业税 300 元，教育费附加 1 791.71 元。

（2）业务分析

依据税法规定，本公司 2013 年执行税率为：所得税 25%，增值税 17%元，城市维护建设税 7%，营业税 5%，教育费附加 3%。依据原始凭证直接进行业务处理。

（3）业务凭证及审核要点

查验税费金额计算是否正确，财务章、税务部门的税务专用章、银行的结算章是否齐全。

（4）业务的会计分录

借：应交税费——应交所得税	21 225.96	
——应交城建税	3 583.42	
——未交增值税	50 981.71	
——应交营业税	300	
——教育费附加	1 791.71	
贷：银行存款——工行丰达支行		77 882.80

业务 10 指导

（1）业务的基本经济内容

2014 年 1 月 5 日，从重庆市同德化工厂购入 0506 型号添加剂（单价 5.00 元）1 300 千克、0508 型号添加剂（单价 5.00 元）2 800 千克，货款及增值税税款开出一张为期三个月的商业承兑汇票。

（2）业务凭证及其审核要点

该笔业务的原始凭证有三项：增值税专用发票发票联、增值税专用发票抵扣联和商业承兑汇票。

凭证审核要点是：①审查增值税专用发票发票联、抵扣联项目是否填写齐全，数量、单价、金额、合计数有无填写错误，大小写金额是否相符，是否有增值税专用发票章及销售单位财务专用章，有关经办人员是否都已签名盖章等。②审查商业承兑汇票各项目是否填写齐全，数量、单价、金额、合计数有无填写错误，大小写金额是否相符，是否有增值税专用发票章及销售单位财务专用章，有关经办人员是否都已签名盖章等。③增值税专用发票抵扣联应由专人单独保管，不能作为原始凭证附在记账凭证后。后面的采购业务同。

（3）业务的会计分录

借：材料采购——0506 添加剂	6 500	
——0508 添加剂	14 000	
应交税费——应交增值税（进项税额）	3 485	
贷：应付票据——同德化工		23 985

（4）备查事项的记录

该业务需要作商业承兑汇票的备查记录如下：

收款人：重庆市同德化工厂

付款人：丰达市讯达通讯设备股份有限责任公司

签发日期：2014 年 1 月 5 日　　汇票到期日：2014 年 4 月 5 日

金　　额：23 985.00 元　　汇票号码：0003978

业务 11 指导

（1）业务的基本经济内容

2014 年 1 月 6 日，从石家庄有机塑料股份有限公司购入 0506 型号塑料（单价 8.20 元）、0508 型号塑料（单价 9.80 元）各 10 000 千克，增值税率 17%，到货并验收入库。

（2）业务分析

本笔业务主要是材料入库单的填制，要注意第二章核算制度中对材料日常核算的要求。本书这里给出参考凭证。全部业务的原材料入库参考凭证以后不再给出。

该笔业务需要注意的是：①按照 17%的税率计算增值税进项税额 30 600（82 000×17%+98 000×17%）元。②查阅截至 2014 年 1 月 5 日的往来款项明细账，可查到与石家庄有机塑料股份有限公司往来款项采用“预付账款”账户予以核算。

（3）业务凭证及审核要点

该笔业务的原始凭证有三项：增值税专用发票发票联、增值税专用发票抵扣联和原材料入库单。

凭证审核要点是：①审查增值税专用发票发票联、抵扣联项目是否填写齐全，数量、单价、金额、合计数有无填写错误，大小写金额是否相符，是否有增值税专用发票章及销售单位财务专用章，有关经办人员是否都已签名盖章等。②审查入库单的数量、单价、金额有无填写错误，是否有经办人员签名盖章等。

（4）业务的会计分录

借：材料采购——0506 塑料　　82 000
　　　　　　——0508 塑料　　98 000
　　应交税费——应交增值税（进项税额）　　30 600
　　贷：预付账款——石塑　　210 600

借：原材料——0506 塑料　　80 000
　　　　　——0508 塑料　　100 000
　　材料成本差异——0506 塑料　　2 000
　　贷：材料采购——0506 塑料　　82 000
　　　　　　　　——0508 塑料　　98 000
　　　　材料成本差异——0508 塑料　　2 000

业务 12 指导

（1）业务的基本经济内容

2014 年 1 月 6 日，转账支付丰达市绿叶广告公司广告摊位费 8 000 元。

（2）业务凭证审核要点

该笔业务的原始凭证有 3 张：增值税专用发票 2 张和银行转账支票 1 张。

凭证审核的要点分别是：①营改增后，广告摊位费增值税率为 6%，审查增值税专用发票发票联、抵扣联项目是否填写齐全，数量、单价、金额、合计数有无填写错误，大小写金额是否相符，是否有增值税专用发票章及销售单位财务专用章，有关经办人员是否都已签名盖章等。②审查银行转账支票上付款人名称是否正确无误，看划转金额是否正确等。

（3）业务会计分录

借：销售费用——广告费　8 000

　　应交税费——应交增值税（进项税额）　480

　　贷：银行存款——工行丰达支行　8 480

（4）备查事项的记录

在“转账支票使用登记簿”上记录：

收 款 人：丰达市绿叶广告公司　　款项用途：支付广告摊位费

结算金额：8 480 元　　支票号码：2834531

签发日期：2014 年 1 月 6 日

业务 13 指导

（1）业务的基本经济内容

2014 年 1 月 6 日，本月 5 日向重庆市同德化工厂采购的 0506 型号添加剂、0508 型号添加剂到货并验收入库。

（2）业务会计分录

借：原材料——0506 添加剂　6 500

　　　　　——0508 添加剂　14 000

　　贷：材料采购——0506 添加剂　6 500

　　　　　　　　——0508 添加剂　14 000

（3）业务凭证填制参照业务 11 指导

业务 14 指导

（1）业务的基本经济内容

2014 年 1 月 6 日，接到法院通知，沈阳五交化股份有限公司已正式申请破产，应收沈阳五交化股份有限公司的款项 93 600 元已确认无法收回。

（2）业务的会计分录

借：坏账准备　93 600

　　贷：应收账款——沈阳五交化股份有限公司　93 600

业务 15 指导

（1）业务的基本经济内容

2014 年 1 月 6 日，向上海易购股份有限公司销售 XD-0506 话机 1 000 部，单价 120

元；XD-0508 话机 2 000 部，单价 160 元，适用增值税率 17%，货款及增值税税款尚未收到。

（2）业务分析

本业务涉及增值税计算和产品出库，要查阅公司基本核算制度中有关产品成本结转的要求。

（3）业务的会计分录

借：应收账款——上海易购　514 800

　　贷：主营业务收入——0506 话机　120 000

　　　　　　　　　　——0508 话机　320 000

　　　　应交税费——应交增值税（销项税额）　74 800

（4）业务凭证填制参照

原始凭证 15-1/1

丰达市讯达通讯设备股份有限责任公司 产成品出库单

购货单位：上海易购股份有限公司　　编号：20140101

业 务 员：程立志　　2014 年 1 月 6 日　　仓库：产成品仓库

类别	编号	名称及规格	计量单位	数量		单位定额成本/元	定额总成本/元
				请购	实发		
主要产品		XD-0506 电话机	部	1 000	1 000	61.00	61 000
主要产品		XD-0508 电话机	部	2 000	2 000	77.50	145 000
合　计							206 000

第二联 记账联

仓库主管：杨勇　　记账：李芳　　发货人：李大军　　经办人：李凌

业务 16 指导

（1）业务的基本经济内容

2014 年 1 月 6 日，从丰达市通讯器材公司购入 0506 型号话机显示屏（单价 10.00 元）、0508 型号话机显示屏（单价 12.00 元）各 25 000 个，送话器、受话器 50 000 个（单价 6.00 元），货款及增值税转账付讫。

（2）业务的会计分录

借：材料采购——0506 显示屏　250 000

　　　　　　——0508 显示屏　300 000

　　　　　　——送话器、受话器　300 000

　　应交税费——应交增值税（进项税额）　144 500

　　贷：银行存款——工行丰达支行　994 500

（3）备查事项的记录

在“转账支票使用登记簿”上记录：

收 款 人：丰达市通讯器材公司　　款项用途：购买材料

结算金额：994 500 元　　支票号码：2834532

签发日期：2014 年 1 月 6 日

业务 17 指导

（1）业务的基本经济内容

2014 年 1 月 6 日，一车间领用 0506 型号塑料 6 500 千克、0508 型号塑料 9 000 千克；领用 0506 型号添加剂 1 200 千克、0508 型号添加剂 3 000 千克。

（2）业务分析

生产车间领用材料均按计划成本计入对应“生产成本”账户的“直接材料费”项目。

（3）业务凭证填制参考

原始凭证 17-1/2

丰达市迅达通讯设备股份有限责任公司 原材料出库单

领料单位：一车间　　编号：20140101

用　　途：XD-0506 话机　　2014 年 1 月 6 日　　仓库：原材料仓库

类别	编号	名称及规格	计量单位	数量		计划单价/元	计划总成本/元
				请领	实领		
主要材料		0506 型塑料	千克	6 500	6 500	8.00	52 000
		0506 型添加剂	千克	1 200	1 200	5.00	6 000
合　计							58 000

第二联 记账联

仓库主管：杨勇　　记账：李芳　　发料人：刘小三　　领料人：李海虹

原始凭证 17-2/2

丰达市迅达通讯设备股份有限责任公司 原材料出库单

领料单位：一车间　　编号：20140102

用　　途：XD-0508 话机　　2014 年 1 月 6 日　　仓库：原材料仓库

类别	编号	名称及规格	计量单位	数量		计划单价/元	计划总成本/元
				请 领	实 领		
主要材料		0508 型塑料	千克	9 000	9 000	10.00	90 000
		0508 型添加剂	千克	3 000	3 000	5.00	15 000
合　计							105 000

第二联 记账联

仓库主管：杨勇　　记账：李芳　　发料人：刘小三　　领料人：李海虹

（4）业务凭证及审核要点

该业务的原始凭证有出库单二张。凭证审核要点是：看领料部门、材料名称和用途、领料数量、金额是否正确，看有关人员是否签章。

（5）业务的会计分录

借：生产成本——基本生产成本—HXD-0506—直接材料　　58 000

　　　　　　——基本生产成本—HXD-0508—直接材料　　105 000

　　贷：原材料——0506 塑料　　52 000

　　　　　　——0508 塑料　　90 000

　　　　　　——0506 添加剂　　6 000

　　　　　　——0508 添加剂　　15 000

业务 18 指导

（1）业务的基本经济内容

2014 年 1 月 7 日，公司出纳赵勇从工商银行账户提备用金 1 000 元。

（2）业务的会计分录

借：库存现金　　1 000

　　贷：银行存款——工行丰达支行　　1 000

（3）备查事项的记录

在“现金支票使用登记簿”上记录：

收 款 人：丰达市迅达通讯设备股份有限责任公司

款项用途：备用金　　结算金额：1 000.00 元

支票号码：4619306　　签发日期：2014 年 1 月 7 日

业务 19 指导

（1）业务的基本经济内容

2014 年 1 月 7 日，向丰达市集成模板股份有限公司购入 0506 型话机主板（单价 20.10 元）、0508 型话机主板（单价 30.05 元）各 25 000 个，已预付 40 000 元，其余货款及增值税税款银行转账付讫。

（2）业务分析

该笔采购业务是在付款时要注意查阅预付款项明细账，查“预付账款”期初数据为 40 000 元，因此该项业务的转账支付款为 1 426 887.5 元。

（3）业务的会计分录

借：材料采购——0506 主板　　502 500

　　　　　　——0508 主板　　751 250

　　应交税费——应交增值税（进项税额）　　213 137.5

　　贷：预付账款——丰达市集成模板股份有限公司　　40 000

　　　　银行存款——工行丰达支行　　1 426 887.5

（4）备查事项的记录

在“转账支票使用登记簿”上记录：

收 款 人：丰达市集成模板股份有限公司　　款项用途：支付购货款

结算金额：1 426 887.5 元　　支票号码：2834533

签发日期：2014 年 1 月 7 日

业务 20 指导

（1）业务的基本经济内容

2014 年 1 月 8 日，采购员王军预借差旅费 3 000 元，现金付讫。

（2）业务凭证审核要点

该笔业务的原始凭证有借款单 1 张，凭证审核的要点是：①检查借款单上有无借款人本人签名。②检查借款人所在部门负责人、财务部门负责人以及单位领导的批示意见。③检查借款单上大、小写金额是否一致。④检查支付现金后，有没有在借款单上加盖“现金付讫”印章。

（3）业务的会计分录

借：其他应收款——王军　　3 000

　　贷：库存现金　　3 000

业务 21 指导

（1）业务的基本经济内容

2014 年 1 月 8 日，半成品 HXD-0506、HXD-0508 完工验收入库，HXD-0506 完工 12 000 件、HXD-0508 完工 15 000 件。

（2）业务分析

依据公司核算制度，半成品按定额成本结转入库成本，要注意查阅有关定额资料。

（3）业务凭证填制参考

原始凭证 21-1/1

丰达市迅达通讯设备股份有限责任公司 半成品入库单

仓库名称：半成品仓库　　2014 年 1 月 8 日　　No：20140101

名称	材质	规格	计量单位	数量		单位定额成本/元	定额总成本/元	送验单位
				送验	实收			
HXD-0506			件	12 000	12 000	9.00	108 000	一车间
HXD-0508			件	15 000	15 000	12.50	187 500	
合　计							295 500	

第二联 记账联

仓库主管：杨勇　　记账：李芳　　验收人：秦佳　　送验人：牛建民

（4）业务凭证审核要点

该笔业务的原始凭证是半成品入库单。凭证审核要点是：①审查入库单的材料名称、数量、金额及发货单位是否正确。②审查有关人员是否签章。

（5）业务的会计分录

借：生产成本——自制半成品—HXD-0506　　108 000

　　　　　　　　　　　　　—HXD-0508　　187 500

　　贷：生产成本——基本生产成本—HXD-0506　　108 000

　　　　　　　　　　　　　　　　—HXD-0508　　187 500

业务 22 指导

（1）业务的基本经济内容

2014 年 1 月 8 日，本月 6 日向丰达市通讯器材公司采购的 0506 型号话机显示屏、

0508 型号话机显示屏以及送话器、受话器到货并验收入库，同时发生运费 200 元。

（2）业务分析

本业务除涉及材料入库，还涉及运费，有关凭证的编制参照业务 11 指导。

（3）业务凭证审核要点

该笔业务的原始凭证有 2 张：材料入库单和服务业发票。凭证审核的要点是：审查单位、项目、金额是否正确无误。

（4）业务的会计分录

借：原材料——0506 显示屏　　250 000
　　　　　——0508 显示屏　　300 000
　　　　　——送话器、受话器　　300 000
　贷：材料采购——0506 显示屏　　250 000
　　　　　　——0508 显示屏　　300 000
　　　　　　——送话器、受话器　　300 000
借：管理费用——运费　　200
　贷：库存现金　　200

业务 23 指导

（1）业务的基本经济内容

2014 年 1 月 8 日，本月 7 日向丰达市集成模板股份有限公司采购的 0506 型话机主板、0508 型话机主板到货并验收入库，同时发生市内运费 100 元。

（2）业务分析

同业务 22 指导。

（3）业务账务处理会计分录

借：原材料——0506 主板　　500 000
　　　　　——0508 主板　　750 000
　　材料成本差异——0506 主板　　2 500
　　　　　　　　——0508 主板　　1 250
　贷：材料采购——0506 主板　　502 500
　　　　　　——0508 主板　　751 250
借：管理费用——运费　　100
　贷：库存现金　　100

业务 24 指导

（1）业务的基本经济内容

2014 年 1 月 9 日，应收丰达市燕莎商场的商业承兑汇票到期，到银行办理相关手续，接到银行通知款已收讫。

（2）业务分析

查阅第三章第四节备查簿数据，该笔数据为无息票据，故会计处理时直接冲减应收票据金额。

（3）业务会计分录

借：银行存款——工行丰达支行　46 800

　　贷：应收票据——丰达市燕莎商场　46 800

业务 25 指导

（1）业务的基本经济内容

2014 年 1 月 9 日，二车间领用 HXD-0506 半成品 13 000 件、话机主板 13 000 件、话机显示屏 13 000 个；HXD-0508 半成品 15 000 件、话机主板 15 000 个、话机显示屏 15 000 个。送话器、受话器 28 000 个。

（2）业务分析

生产车间领用半成品和原材料均按定额成本和计划成本计入对应“生产成本”账户的“直接材料费”项目。注意查阅教材第 2 章企业生产计划与核算定额表。对于 XD-0506 和 XD-0508 共同耗用的送话器、受话器 168 000 元，依据公司核算制度，按产品耗用的计划定额耗量进行分配。168 000÷（35 000×1＋40 000×1）＝2.24，XD-0506 分配额为：35 000×2.24＝78 400（元），XD-0508 分配额为：40 000×2.24＝89 600（元）。

（3）业务凭证审核要点

该业务的原始凭证有出库单三张。凭证审核要点是：审查领料部门、材料名称和用途、领料数量、金额是否正确，审查有关人员是否签章。

（4）业务的会计分录

借：生产成本——基本生产成本—XD-0506—直接材料费　468 400

　　　　　　　　　　　　　　　　　　—自制半成品　117 000

　　　　　　　　　　　　　—XD-0508—直接材料　719 600

　　　　　　　　　　　　　　　　　　—自制半成品　187 500

　　贷：生产成本——自制半成品—HXD-0506　117 000

　　　　原材料——0506 主板　260 000

　　　　　　　——0506 显示屏　130 000

　　　　生产成本——自制半成品—HXD-0508　187 500

　　　　原材料——0508 主板　450 000

　　　　　　　——0508 显示屏　180 000

　　　　　　　——送话器、受话器　168 000

业务 26 指导

（1）业务的基本经济内容

2014 年 1 月 9 日，向石家庄有机塑料股份有限公司预付货款 240 600 元。

（2）业务会计分录

借：预付账款——石塑　240 600

　　贷：银行存款——工行丰达支行　240 600

业务 27 指导

（1）业务的基本经济内容

2014 年 1 月 10 日，二车间完工产品验收入库，XD-0506 话机完工 12 000 部、XD-0508 话机完工 14 000 部。

（2）业务分析

依据公司核算制度，产成品按定额成本结转入库成本，要注意查阅有关定额资料。

（3）业务会计分录

借：库存商品——XD-0506　　732 000

　　　　　　——XD-0508　　1 085 000

　　贷：生产成本——基本生产成本—XD-0506　　732 000

　　　　　　　　　　　　　　　　—XD-0508　　1 085 000

（4）业务凭证填制参考

原始凭证 27-1/1

丰达市迅达通讯设备股份有限责任公司 产成品入库单

仓库名称：产成品仓库　　2014 年 1 月 10 日　　No：20140101

名 称	材质	规格	计量单位	数量		单位定额成本/元	定额总成本/元	送验单位
				送验	实收			
XD-0506 话机			个	12 000	12 000	61.00	732 000	一车间
XD-0508 话机			个	14 000	14 000	77.50	1 085 000	
合 计							1 817 000	

第二联 记账联

仓库主管：杨勇　　记账：李芳　　验收人：秦佳　　送验人：张丽

业务 28 指导

（1）业务的基本经济内容

2014 年 1 月 10 日，向银行交磁盘，通过银行划转 2013 年 12 月份的职工工资（转到职工的工资卡上）。

（2）业务分析

该业务有两个步骤：按工资表实发金额从银行转账发放工资。发放工资时要注意代扣款项需要扣作“其他应付款”处理。

（3）业务凭证审核要点

该业务的原始凭证有两张：转账支票存根和 2013 年 12 月的工资分配表。其审核要点是：①审查转账支票存根上是否盖有骑缝章，是否经会计主管审签，收款单位、用途、金额是否正确。②检查工资分配表各项数据的计算是否正确、工资表下方各有关人员的签章是否齐全（公司经理、劳动人事主管、财务主管、制表人、会计）。

（4）业务的会计分录

借：应付职工薪酬——应付工资　　448 004.70

　　　　　　　　——住房公积金　　49 280.40

　　　　——养老保险　　　　89 600.90
　　　　——失业保险　　　　8 960.10
　　　　——医疗保险　　　　33 600.36
　贷：其他应付款——代扣水电费　　　　20 833.00
　　　　——住房公积金　　　　80 640.60
　　　　——养老保险　　　　125 441.20
　　　　——失业保险　　　　13 440.15
　　　　——医疗保险　　　　42 560.46
　　银行存款——工行丰达支行　　　　346 531.05

（5）备查事项的记录

在“现金支票使用登记簿”上记录：

收 款 人：丰达市迅达通讯设备股份有限责任公司

款项用途：发工资　　　　结算金额：346 531.05 元

支票号码：2834534　　　　签发日期：2014 年 1 月 10 日

业务 29 指导

（1）业务的基本经济内容

2014 年 1 月 11 日，向大连商贸股份有限公司销售 XD-0506 话机 7 000 部，单价 120 元，XD-0508 话机 8 000 部，单价 150 元，适用增值税率 17%。

（2）业务分析

本业务主要注意，销售商品在未收到货款时，要查阅相关往来账户的记录。查阅第三章期初数据，确认大连商贸股份有限公司有预付款 120 000 元，故本业务将全部货款及税金计入预收账款。

（3）业务的会计分录

借：预收账款——大连商贸　　　　2 386 800
　贷：主营业务收入——XD-0506　　　　840 000
　　　　——XD-0508　　　　1 200 000
　　应交税费——应交增值税（销项税额）　　　　346 800

业务 30 指导

（1）业务的基本经济内容

2014 年 1 月 12 日，预交本月增值税 29 740 元。

（2）业务凭证审核要点

该业务有原始凭证 1 张，增值税交款书。查验财务章、税务部门的税务专用章和银行的结算章是否齐全。

（3）业务的会计分录

借：应交税费——应交增值税（已交税金）　　　　29 740
　贷：银行存款——工行丰达支行　　　　29 740

业务 31 指导

（1）业务的基本经济内容

2014 年 1 月 13 日，机修车间领用电工组合工具 2 套、修理组合工具 3 套。

（2）业务分析

该笔业务是低值易耗品发出，制度要求按期初实际单位成本计价发出。电工组合工具 76（608÷8）元，修理组合工具 110（1 100÷10）元。

（3）业务凭证及审核要点

该业务的原始凭证有出库单一张。凭证审核要点是：看领料部门、材料名称和用途、领料数量、金额是否正确，看有关人员是否签章。

（4）业务的会计分录

借：生产成本——辅助生产成本—机修—制造费用　　482

　　贷：低值易耗品——电工组合工具　　152

　　　　　　　　　——修理工具　　330

业务 32 指导

（1）业务的基本经济内容

2014 年 1 月 13 日，向本市华锋集团转让我公司于 2011 年 1 月 1 日购入同期发行的国库券，面值总额为 100 000 元，交易价格为 128 600 元，款项已转账收讫。

（2）业务分析

查阅有价证券备查簿，即可知悉，此笔国库券投资是我公司于 2011 年 1 月 1 日购入的，面值 100 000 元，票面利率 6% ，期限 5 年，属到期一次还本付息式无记名国库券。我公司已经持有了 3 年，该笔投资的账面记录为：

持有至到期投资——债券投资—面值　　100 000

　　　　　　　　　　　　　—应计利息　　18 000

账面记录表明，对该笔国库券投资已预提了 3 年的应计利息（100 000 元×6%×3＝18 000 元），因此，在进行账务处理时，该部分国库券的应计利息 18 000 元应连同其面值 100 000 元一并通过对应账户的贷方予以转销；实际收到的转让款项 128 600 元记入银行存款对应明细账户“银行存款——工商银行存款”的借方；借、贷方的差额借记为“投资收益”（10 600 元）。

（3）业务凭证审核要点

该笔业务的原始凭证有三项：有价证券转让协议书、中国工商银行进账单回单和公司有价证券交接登记表。其中，第一、三两项是内部凭证，第二项中国工商银行进账单回单是外部凭证。

凭证审核的要点分别是：①审查转让协议书，看事项、金额是否正确无误，看双方的签章、签字是否齐全等。②检查银行进账单上的收、付款人名称是否正确无误，看划转金额是否与协议相符等。③检查有价证券交接登记表上交接双方的签字是否齐全，重点审查是否有有价证券保管人员和被授权的管理人员的签字或签章。

（4）业务的会计分录

借：银行存款——工行丰达支行　128 600

　　贷：持有至到期投资——债券投资—面值　100 000

　　　　　　　　　　　　　　　　—应计利息　18 000

　　　　投资收益　10 600

（5）备查事项的记录

业务处理完毕后，需同时在有价证券备查簿中登记以下内容：

有价证券名称：无记名国库券

取得日期：2011 年 1 月 1 日

期　　限：5 年

票面利率：6%

处置日期：2014 年 1 月 13 日

处置数量：面值 100 000 元

接受单位：本市华锋集团

经 办 人：周婉、李春海、张亮、刘利民

业务 33 指导

（1）业务的基本经济内容

2014 年 1 月 14 日，从重庆市同德化工厂购入 0506 型号添加剂（单价 5.00 元）800 千克、0508 型号添加剂（单价 5.00 元）2 500 千克，货款及增值税税款转账付讫，材料尚未收到。

（2）业务分析

参照同类采购业务 11 指导。

（3）业务的会计分录

借：材料采购——0506 添加剂　4 000

　　　　　　——0508 添加剂　12 500

　　应交税费——应交增值税（进项税额）　2 805

　　贷：银行存款——工行丰达支行　19 305

业务 34 指导

（1）业务的基本经济内容

2014 年 1 月 14 日，向丰达市包装印刷有限公司支付包装费 11 700 元，转账付讫。

（2）业务会计分录

借：销售费用——包装费　11 700

　　贷：银行存款——工行丰达支行　11 700

（3）备查事项的记录

在“转账支票使用登记簿”上记录：

收 款 人：丰达市包装印刷有限公司

款项用途：支付包装费
结算金额：11 700 元
支票号码：2834536
签发日期：2014 年 1 月 14 日

业务 35 指导

（1）业务的基本经济内容

2014 年 1 月 15 日，用银行存款支付展览费 3 180 元。

（2）业务凭证审核要点

该笔业务的原始凭证有 3 张：增值税专用发票 2 张和银行转账支票 1 张。

凭证审核的要点分别是：①营改增后，展览费增值税率为 6%，审查增值税专用发票发票联、抵扣联项目是否填写齐全，数量、单价、金额、合计数有无填写错误，大小写金额是否相符，是否有增值税专用发票章及销售单位财务专用章，有关经办人员是否都已签名盖章等。②审查银行转账支票上付款人名称是否正确无误，审查划转金额是否正确等。

（3）业务会计分录

借：销售费用——展览费　　3 000
　　应交税费——应交增值税（进项税额）　　180
　　贷：银行存款——工行丰达支行　　3 180

（4）备查事项的记录

在“转账支票使用登记簿”上记录：

收 款 人：丰达市兴丹文化公司　　款项用途：支付展览费
结算金额：3 180 元　　支票号码：2834537
签发日期：2014 年 1 月 15 日

业务 36 指导

（1）业务的基本经济内容

2014 年 1 月 15 日，从石家庄有机塑料股份有限公司购入 0506 型号塑料（单价 7.80 元）2 000 千克、0508 型号塑料（单价 10.10 元）8 000 千克，货款及增值税税款尚未支付，材料尚未入库。

（2）业务分析

查阅截至 2014 年 1 月 15 日的往来款项明细账，可查到与石家庄有机塑料股份有限公司往来款项采用“预付账款”账户予以核算。

（3）业务的会计分录

借：材料采购——0506 塑料　　15 600
　　　　　　——0508 塑料　　80 800
　　应交税费——应交增值税（进项税额）　　16 388
　　贷：预付账款——石塑　　112 788

业务 37 指导

（1）业务的基本经济内容

2014 年 1 月 16 日，一车间报废 A 设备一台，原值 200 000 元，已提折旧 101 000 元，因作业不当导致毁损，经批准予以报废。在清理过程中，以银行存款支付清理费用 2 500 元，拆除的残料变卖收入 18 000 元，款项已存入银行，应收取过失人范小芳设备损失赔款 11 800 元。

（2）业务分析

账面记录表明，该固定资产原值 200 000 元，已提折旧 101 000 元，本月应提折旧 2 020 元，则剩余价值为 200 000－101 000－2 020＝96 980（元）。固定资产非正常报废，应将其净值对应的进项税额做进项税额转出，在处理该业务时，应将剩余价值 96 980 元以及其对应的增值税进项税额转入“固定资产清理”账户，同时将清理过程中支付的清理费用和取得的变价收入、应收取的个人赔款等转入“固定资产清理”账户。公司对过失人范小芳开出的收款收据上没有加盖“现金收讫”章，表明没有向范小芳收取现金，因此，可暂作“其他应收款”处理，待下月发工资时再予以扣款。

（3）业务凭证审核要点

该笔业务的原始凭证有 6 张：收款收据 1 张、服务业统一发票 1 张、转账支票存根 1 张、银行进账单 1 张、固定资产报废清理单 1 张、报废设备补提折旧计算单 1 张。

凭证审核的要点分别是：①审查收款收据的交款人、交款金额、交款事由等项目是否填写正确，金额大、小写是否相符，是否有收款人的签名。②审查服务业发票上的金额大、小写是否相符，审查服务项目是否填写清楚，看收款单位是否加盖了财务专用章，是否有收款人的签名。③审查固定资产报废清理单上各项目是否填写齐全，数量、金额、折旧额有无填写错误，有关经办人员是否都已签名盖章等。④审查转账支票存根上的收款人、金额、用途、签发日期等项目是否齐全、正确，支票金额与发票金额是否相一致，支票存根上是否盖有骑缝章，单位主管是否复核并签名或盖章。⑤审查银行进账单上的收、付款人名称是否正确无误，看划转金额是否正确，是否有开户银行盖章等。

（4）业务的会计分录

分录	借方	贷方
借：制造费用——一车间—折旧费	2 020	
贷：累计折旧——A 设备		2 020
借：固定资产清理	113 466.6	
累计折旧——A 设备	103 020	
贷：固定资产——A 设备		200 000
应交税费——应交增值税（进项税额转出）		16 486.6
借：固定资产清理		2 500
贷：银行存款——工行丰达支行		2 500
借：其他应收款——范小芳	11 800	
贷：固定资产清理		11 800
借：银行存款——工行丰达支行	18 000	

贷：固定资产清理　18 000
借：营业外支出　86 166.6
贷：固定资产清理　86 166.6
（5）备查事项的记录
① 在“固定资产处置备查簿”上记录：
固定资产名称：A 设备
制造单位：唐山市设备制造有限责任公司
出厂编号：2011B－1387
数量：1 台
原价：200 000 元
已提折旧：103 020 元
净值：96 980 元
处置原因：职工范小芳作业不当导致毁损
② 在“转账支票使用登记簿”上记录：
收款人：丰达市康洁清理公司
款项用途：支付清理费用
结算金额：2 500 元
支票号码：2834538
签发日期：2014 年 1 月 16 日

业务 38 指导

（1）业务的基本经济内容

2014 年 1 月 16 日，从石家庄有机塑料股份有限公司购入 0506 型号塑料、0508 型号塑料；从重庆市同德化工厂购入 0506 型号添加剂、0508 型号添加剂到货，材料验收入库。

（2）业务分析

参照业务 11 指导。

（3）业务会计分录

借：原材料——0506 塑料　16 000
——0508 塑料　80 000
——0506 添加剂　4 000
——0508 添加剂　12 500
材料成本差异——0508 塑料　800
贷：材料采购——0506 塑料　15 600
——0508 塑料　80 800
——0506 添加剂　4 000
——0508 添加剂　12 500
材料成本差异——0506 塑料　400

业务 39 指导

（1）业务的基本经济内容

2014 年 1 月 16 日，一车间领用机油 30 千克，黄油 20 千克。

（2）业务分析

该笔业务是低值易耗品领用，制度要求发出时按期初实际单位成本计价，机油 60 元/千克，黄油 50 元/千克。

（3）业务的会计分录

借：制造费用——一车间—机物料消耗　　280

　　贷：低值易耗品——机油　　180

　　　　　　　　　——黄油　　100

业务 40 指导

（1）业务的基本经济内容

2014 年 1 月 16 日，收到工商银行进账通知单，收到丰达市燕莎商场的款项 304 200 元。

（2）业务分析

该笔业务的原始凭证是工商银行进账通知单，会计处理时，要查阅往来款项明细账，看账面上是否有该付款单位的应收账款记录。查阅往来款项明细账，发现有丰达市燕莎商场的应收账款 304 200 元。

（3）业务的会计分录

借：银行存款——工行丰达支行　　304 200

　　贷：应收账款——燕莎商场　　304 200

业务 41 指导

（1）业务的基本经济内容

2014 年 1 月 16 日，一车间领用 0506 型号塑料 5 000 千克，0508 型号塑料 7 300 千克；领用 0506 型号添加剂 1 000 千克、0508 型号添加剂 2 400 千克。

（2）业务分析

参照业务 17 指导。

（3）业务的会计分录

借：生产成本——基本生产成本—HXD-0506—直接材料　　45 000

　　　　　　——基本生产成本—HXD-0508—直接材料　　85 000

　　贷：原材料——0506 塑料　　40 000

　　　　　　　——0508 塑料　　73 000

　　　　　　　——0506 添加剂　　5 000

　　　　　　　——0508 添加剂　　12 000

业务42指导

（1）业务的基本经济内容

2014年1月16日，计算并提取本月固定资产折旧费。

（2）业务分析

公司财务制度规定，采用直线法计提折旧，根据固定资产明细账（台账）的相关数据，填制折旧费计算表即可。

（3）业务凭证填制参考

原始凭证42-1/1

丰达市讯达通讯设备股份有限责任公司 折旧费计算表

2014 年 1 月 单位：元

使用部门	品　名	单位	数量	单　价	原始价值	月折旧率/%	本月计提折旧额
一车间（其中A、B设备各一台已出租）	A设备	台	4	200 000	800 000	1.01	8 080
	B设备	台	5	240 000	1 200 000	1.01	12 120
	一号厂房	栋	1	2 600 000	2 600 000	0.42	10 920
	戴尔微机	台	2	9 500	19 000	1.67	317.30
	四通打印机	台	1	1 000	1 000	1.67	16.70
	小计						**31 454**
二车间	X设备	条	8	44 750	358 000	1.01	3 615.80
	Y设备	条	8	40 000	320 000	1.04	3 328
	二号厂房	栋	1	2 600 000	2 600 000	0.42	10 920
	IBM微机	台	2	8 500	17 000	1.67	283.90
	四通打印机	台	1	1 280	1 280	1.68	21.50
	小计						**18 169.20**
机修车间	维修设备	台	3	25 000	75 000	1.04	780
	辅一楼	栋	1	280 000	280 000	0.42	1 176
	小计						**1 956**
公司总部	行政办公楼	栋	1	4 120 000	4 120 000	0.42	17 304
	IBM微机	台	9	8 000	72 000	1.67	1 202.40
	复印机	台	1	24 000	24 000	1.67	400.80
	佳伦打印机	台	9	2 100	18 900	1.67	315.63
	红旗轿车	辆	2	160 000	320 000	1.67	5 344
	仓库	栋	1	97 200	97 200	1.67	1 623.24
	小计						**26 190.07**
合　　计							**77 769.27**

（4）业务凭证审核要点

该业务的原始凭证有折旧费计算表一项。凭证审核要点是：一要看折旧费计算表中数据计算是否正确，二要关注上月和本月是否有新增或减少固定资产。

（5）业务的会计分录

借：制造费用——一车间—折旧费 27 010

　　　　　　——二车间—折旧费 18 169.2

　　生产成本——辅助生产成本—机修—折旧费用 1 956

　　其他业务成本 4 444

管理费用——折旧费　26 190.07
贷：累计折旧　77 769.27

业务 43 指导

（1）业务的基本经济内容

2014 年 1 月 17 日，一车间完工半成品 HXD-0506、HXD-0508 验收入库，HXD-0506 完工 10 000 件、HXD-0508 完工 12 000 件。

（2）业务分析

参照业务 21 指导。

（3）业务的会计分录

借：生产成本——自制半成品—HXD-0506　90 000
—HXD-0508　150 000
贷：生产成本——基本生产成本—HXD-0506　90 000
——基本生产成本—HXD-0508　150 000

业务 44 指导

（1）业务的基本经济内容

2014 年 1 月 18 日，二车间领用 HXD-0506 半成品 10 000 件、HXD-0508 半成品 12 000 件，话机主板各 10 000 个，话机显示屏各 10 000 个，送话器、受话器 20 000 个。

（2）业务分析

生产车间领用原材料和半成品均按计划成本和定额成本计入对应“生产成本”账户的“直接材料费”项目。注意查阅教材第二章企业生产计划与核算定额表。对于 XD-0506 和 XD-0508 共同耗用的送话器、受话器 120 000 元，依据公司核算制度，按产品耗用的计划定额耗量进行分配。120 000÷（35 000×1+40 000×1）=1.6（元），XD-0506 分配额为：35 000×1.6=56 000（元），XD-0508 分配额为：40 000×1.6=64 000（元）。

（3）业务凭证审核要点

该业务的原始凭证为出库单。凭证审核要点是：看领料部门、材料名称和用途、领料数量、金额是否正确，看有关人员是否签章。

（4）业务的会计分录

借：生产成本——基本生产成本—XD-0506—直接材料　356 000
—自制半成品　90 000
—XD-0508—直接材料　484 000
—自制半成品　150 000
贷：生产成本——自制半成品—HXD-0506　90 000
—HXD-0508　150 000
原材料——0506 主板　200 000
——0508 主板　300 000
——0506 显示屏　100 000

——0508 显示屏　120 000

——送话器、受话器　120 000

业务 45 指导

（1）业务的基本经济内容

2014 年 1 月 20 日，二车间完工产品验收入库，XD-0506 话机完工 10 000 部、XD-0508 话机完工 11 000 部。

（2）业务分析

生产车间产品入库，平时按定额成本计价结转，期末计算并调整成本差异。注意查阅教材第 2 章企业生产计划与核算定额表。

（3）业务凭证审核要点

该业务的原始凭证有入库单一张。凭证审核要点是：审查入库数量、金额是否正确，看有关人员是否签章。

（4）业务的会计分录

借：库存商品——XD-0506　610 000

——XD-0508　852 500

贷：生产成本——基本生产成本—XD-0506　610 000

基本生产成本—XD-0508　852 500

业务 46 指导

（1）业务的基本经济内容

2014 年 1 月 21 日，向丰达市燕莎商场销售 XD-0506 话机 6 000 部，单价 120 元；销售 XD-0508 话机 7 000 部，单价 150 元，适用增值税率 17%，货款没有收到。

（2）业务分析

该笔业务货款没有收到，计入应收账款，产品的销售成本按定额成本计价，月底汇总结转。

（3）业务凭证审核要点

该业务的原始凭证有出库单一张，增值税记账联一张。凭证审核的要点分别是：①审查产成品出库单各项目是否填写齐全，数量、单价、金额、合计数有无填写错误，大小写金额是否相符，有关经办人员是否都已签名盖章等。②审查增值税专用发票各项目是否填写齐全，数量、单价、金额、合计数有无填写错误，大小写金额是否相符，是否有销售单位增值税发票专用章，有关经办人员是否都已签名盖章等。

（4）业务的会计分录

借：应收账款——燕莎商场　2 070 900

贷：主营业务收入——XD-0506　720 000

——XD-0508　1 050 000

应交税费——应交增值税（销项税额）　300 900

业务 47 指导

（1）业务的基本经济内容

2014 年 1 月 21 日，收到银行进账通知单，成都华联商场汇来货款 117 000 元。

（2）业务分析

参见业务 40 指导。

（3）业务凭证审核要点

该笔业务的原始凭证有银行进账单一张。凭证审核的要点是：看银行进账单上的收、付款人名称、账号是否正确无误，看划转金额是否正确等。

（4）业务的会计分录

借：银行存款——工行丰达支行 117 000

贷：应收账款——成都华联商场 117 000

业务 48 指导

（1）业务的基本经济内容

2014 年 1 月 21 日，向山东通讯制造设备股份公司购入 A 设备生产线一条，货款 200 000 元，增值税 34 000 元，运费 2 000 元，款项以电汇付讫。

（2）业务分析

购进不需安装的固定资产按买价加运杂费减去可以抵扣的运费后确认为固定资产的原价。

（3）业务凭证审核要点

该笔业务的原始凭证有四项：增值税专用发票、运费发票、固定资产验收单和电汇回单。

凭证审核的要点分别是：①审查增值税专用发票各项目是否填写齐全，数量、单价、金额、合计数有无填写错误，大小写金额是否相符，是否有销售单位财务专用章，有关经办人员是否都已签名盖章等。②审查运费发票各项目是否填写齐全，项目、单价、金额、合计数有无填写错误，大小写金额是否相符，有关经办人员是否都已签名盖章等。③审查固定资产验收单上的数量、金额、规格是否与普通发票一致，是否有有关经办人员签名或盖章等。④审查电汇回单上收、付款人名称是否正确无误，检查汇出金额是否正确等。

（4）业务凭证填制参考

原始凭证 48-1/1

固定资产验收单

2014 年 1 月 21 日　　　　No. 20140101

固定资产名称		型号	计量单位		数量	供货单位		
A 设备生产线			条		1	山东通讯制造设备股份公司		
总价	设备费	安装费	运杂费	包装费	其他	合计	预计年限	净残值率
	200 000		1 860			￥201 860.00	10	4%
验收意见		合格	验收人签章		刘有为	保管使用人签章		张浩

（5）业务的会计分录

借：固定资产——A 设备　201 860

　　应交税费——应交增值税（进项税额）　34 140

　　贷：银行存款——工行丰达支行　236 000

业务 49 指导

（1）业务的基本经济内容

2014 年 1 月 22 日，向成都华联商场销售 XD-0506 话机 9 500 部，单价 120 元；XD-0508 话机 9 000 部，单价 150 元，适用增值税率 17%，收到一张为期 180 天的商业承兑汇票。

（2）业务分析

该笔业务涉及增值税、产成品出库和商业承兑汇票业务。产品的销售成本按定额成本计价，月底汇总结转。

（3）业务凭证审核要点

该业务的原始凭证有增值税发票记账联、产成品出库单和商业承兑汇票各一张。凭证审核要点是：①审查产成品出库单各项目是否填写齐全，数量、单价、金额、合计数有无填写错误，大小写金额是否相符，有关经办人员是否都已签名盖章等。②审查增值税专用发票各项目是否填写齐全，数量、单价、金额、合计数有无填写错误，大小写金额是否相符，是否有销售单位增值税发票专用章，有关经办人员是否都已签名盖章等。③审查商业承兑汇票的各项目是否填写齐全，单位、账号、开户行、金额有无填写错误，大小写金额是否相符，是否有单位财务专用章和法人章，有关经办人员是否都已签名盖章等。

（4）业务的会计分录

借：应收票据——成都华联　2 913 300

　　贷：主营业务收入——XD—0506　1 140 000

　　　　　　　　　　——XD—0508　1 350 000

　　　　应交税费——应交增值税（销项税额）　423 300

（5）备查事项的记录

该业务需要作商业承兑汇票的备查记录。登记汇票的签发日期、到期日、金额、利率、付款人资料以及合同号码等。

业务 50 指导

（1）业务的基本经济内容

2014 年 1 月 22 日，到工商银行将成都华联商场签发并承兑的 180 天不带息商业承兑汇票贴现，贴现利率为 6%。

（2）业务分析

本业务涉及贴现利息和贴现额的计算。贴现息＝2 913 300×6%×180÷360＝87 399（元），计入财务费用。贴现额＝2 913 300－87 399＝2 825 901（元），计入银行存款。

（3）业务凭证审核要点

该业务的原始凭证有进账单一份、有价证券处置通知单一份。

主要看银行进账单上的收、付款人名称是否正确无误，看划转金额是否正确，是否有开户银行盖章等。看有价证券处置通知单上的发行日、到期日、贴现日是否正确，转让和保管人是否有签章等。

（4）业务的会计分录

借：银行存款——工商行　　2 825 901

　　财务费用　　87 399

　　贷：短期借款　　2 913 300

（5）备查事项的记录

该业务需要作有价证券处置的备查记录。①登记汇票的签发日期、到期日、金额、利率、付款人资料以及合同号码等。②登记贴现银行、贴现利息和贴现额、贴现日期等。

业务 51 指导

（1）业务的基本经济内容

2014 年 1 月 23 日，向丰达市第五建筑公司支付在建工程进度款 300 000 元。

（2）业务分析

支付工程进度款时，按施工单位开具的发票金额计入“在建工程”相应明细账。

（3）业务凭证审核要点

该业务的原始凭证有两项：转账支票存根和建筑业统一发票。凭证审核的要点有：①审查发票上各项目是否填写齐全，项目、金额、合计数有无填写错误，大小写金额是否相符，是否有出票单位的财务专用章，有关人员是否已签名或盖章。②审查转账支票存根上的收款人、金额、用途、签发日期等项目是否齐全、正确，支票金额与发票金额是否相一致，支票存根上是否盖有骑缝章，单位主管是否复核并签名或盖章。

（4）业务的会计分录

借：在建工程——新办公楼　　300 000

　　贷：银行存款——建行丰达支行　　300 000

（5）备查事项的记录

在“转账支票使用登记簿”上记录：

收 款 人：丰达市第五建筑公司

　　款项用途：新办公楼工程进度款

结算金额：300 000 元

支票号码：2834539

签发日期：2014 年 1 月 23 日

业务 52 指导

（1）业务的基本经济内容

2014 年 1 月 23 日，二车间支付日常办公费 680 元，现金付讫。

（2）业务分析

设备的日常维护费用直接计入制造费用。

（3）业务凭证审核要点

该业务的原始凭证有服务业发票一张。凭证审核要点是：审查发票金额是否正确，有关经办人员是否签章，出纳员付款后是否加盖“现金付讫”印章等。

（4）业务的会计分录

借：制造费用——车间办公费　　680

　　贷：库存现金　　680

业务 53 指导

（1）业务的基本经济内容

2014 年 1 月 24 日，采购员沈括借差旅费 300 元，现金付讫。

（2）业务凭证及审核要点

审查借款单项目是否填写齐全，数量、单价、金额、合计数有无填写错误，大小写金额是否相符，是否有单位财务负责人签字或盖章，有关经办人员是否都已签名等。

（3）业务的会计分录

借：其他应收款——沈括　　300

　　贷：库存现金　　300

业务 54 指导

（1）业务的基本经济内容

2014 年 1 月 24 日，各车间领用当月职工劳保用品。其中：一车间工作服 50 套；二车间工作服 20 套。

（2）业务分析

发出低值易耗品，制度规定按期初实际成本计算发出低值易耗品价格。期初账面记录：工作服 350 套，34 300 元。所以发出单价应为 98（34 300÷350）元。

（3）业务凭证审核要点

该业务的原始凭证有低值易耗品出库单 2 张。凭证审核的要点是：①审查低值易耗品出库单各项目是否填写齐全，数量、单价、金额、合计数有无填写错误，大小写金额是否相符。②有关经办人员是否都已签名盖章等。

（4）业务的会计分录

借：制造费用——一车间—劳保　　4 900

　　　　　　——二车间—劳保　　1 960

　　贷：低值易耗品——工作服　　6 860

业务 55 指导

（1）业务的基本经济内容

2014 年 1 月 26 日，被投资单位迅美科技股份有限责任公司 2013 年度财务报告揭示，

2013 年度盈利 118 000 元。

（2）业务分析

查阅长期股权投资备查簿可知，我公司于 2011 年 12 月 1 日和美华通讯设备研究所各出资 50%设立迅美科技股份有限责任公司。因此，被投资单位迅美科技股份有限责任公司 2013 年度的盈利中我公司拥有 50%的利润分享权，据此调整相应“长期股权投资”明细账的账面价值。

（3）业务凭证审核要点

该业务有原始凭证 1 张：丰达市迅美科技股份有限责任公司 2013 年度利润表。凭证审核的要点是：①检查利润表各项数据计算是否正确。②编报单位是否在报表上加盖单位公章或财务专用章。

（4）业务的会计分录

借：长期股权投资——迅美科技—损益调整　　59 000

　　贷：投资收益　　59 000

业务 56 指导

（1）业务的基本经济内容

2014 年 1 月 27 日，报邮资 500 元现金付讫；开户银行转来电话费结算凭证划转话费 2 800 元。

（2）业务分析

支付邮资和电话费可直接计入“管理费用——办公费”。

（3）业务凭证审核要点

该业务的原始凭证有 4 张：邮政报刊费收据一张、委托收款结算凭证一张、通讯专用发票两张。

凭证审核的要点是：①审查邮政报刊费收据的收费项目、金额是否正确，单位名称是否无误，是否有邮政业务专用章或财务章，出纳付款后是否在收据上加盖了“现金付讫”章。②查看委托收款结算凭证是否与发票一致，是否有银行的业务章。③查看通讯专用发票金额大、小写是否一致，发票金额是否与委托收款结算凭证相符。

（4）业务的会计分录

借：管理费用——办公费　　3 300

　　贷：库存现金　　500

　　　　银行存款——工行丰达支行　　2 800

业务 57 指导

（1）业务的基本经济内容

2014 年 1 月 27 日，公司支付电费 58 500 元，水费 5 000 元。

（2）业务分析

按税法规定，外购电执行 17%税率，进项税额为 9 945 元（58 500×17%）；外购水执行 13%税率，进项税额为 650（5 000×13%）元。

因为水电费要到月终才予以分配，因此可以暂记为“其他应付款——待摊水电费”，待期末统一分配。

（3）业务凭证审核要点

该业务的原始凭证有 3 项：增值税专用发票发票联 2 张；增值税专用发票抵扣联 2 张；工商银行委托收款、结算凭证（支款通知）2 张。

凭证审核要点：①审查增值税专用发票发票联、抵扣联各项目是否填写齐全，数量、单价、金额、合计数有无填写错误，大小写金额是否相符，是否有销售单位增值税发票专用章，有关经办人员是否都已签名盖章等。②审查工商银行托收凭证中收、付款人名称、账号、开户银行是否正确，托收金额大、小写，托收款内容是否正确，相关经手人是否签章等。

（4）业务的会计分录

借：其他应付款——待摊水费　　5 000
　　　　　　　——待摊电费　　58 500
　　应交税费——应交增值税（进项税额）　　10 595
　　贷：银行存款——工行丰达支行　　74 095

业务 58 指导

（1）业务的基本经济内容

2014 年 1 月 30 日，归还工商银行流动资金贷款，从期初被查数据中可以查证 2013 年 10 月 30 日借入的本金 4 000 000 元，期限 3 个月的资金贷款已到期，月利率为 0.525%，利随本清。本息合计 4 063 000 元。

（2）业务分析

此笔流动资金贷款是 2013 年 10 月 30 日借入的，本金为 4 000 000 元，利息计算为 63 000（4 000 000×0.525%×3）元。

（3）业务凭证审核要点

该笔业务的原始凭证是工商行特种转账传票 1 张，凭证审核的要点是：看收、付款人名称、账户、开户行名称是否正确，划转金额是否和应付本息合计一致。

（4）业务的会计分录

借：短期借款——工行丰达支行　　4 000 000
　　财务费用——借款利息　　21 000
　　应付利息——短期借款利息　　42 000
　　贷：银行存款——工行丰达支行　　4 063 000

（5）备查事项的记录

在“短期借款备查簿”上找到原借款时所作备查记录行，并在还款日期栏内登记“2014 年 1 月 30 日”。

业务 59 指导

（1）业务的基本经济内容

2014 年 1 月 30 日，公司于 2013 年 10 月 30 日签发并承兑的商业承兑汇票一张，票面金额 117 000 元，票面月利率 1.5%，期限三个月，票据期满，办理划转本息款项合计 122 265 元，付给石家庄有机塑料股份有限公司。

（2）业务分析

票据利息＝117 000×1.5%×3＝5 265（元），则本息合计为 122 265 元。

2013年11月、12月的利息已经记入2013年的“财务费用”账户（借记财务费用3 510，贷记应付票据3 510），2014年应负担的财务费用为：117 000×1.5%=1 755（元）。

（3）业务凭证审核要点

该业务的原始凭证有 2 张：委托收款支款通知和商业承兑汇票承兑联。

凭证审核的要点是：①检查委托收款支款通知上收、付款单位名称、账号、开户行名称是否正确无误，票据利息及本息合计数计算是否正确；②检查委托收款支款通知上有无银行的业务日戳；③检查商业承兑汇票承兑联上收、付款单位名称、账号、开户行名称、汇票金额等是否正确；④检查委托收款支款通知和汇票上记录的汇票号码是否一致。

（4）业务会计分录

借：应付票据——石家庄有机塑料股份有限公司　　120 510
　　财务费用——票据利息　　1 755
　　贷：银行存款——工行丰达支行　　122 265

（5）备查事项的记录

在“应付商业承兑汇票备查簿”上找到 2013 年 10 月 30 日签发并承兑的商业承兑汇票的记录所在行，并在承兑日期栏中，填写“2014 年 1 月 30 日”。

业务 60 指导

（1）业务的基本经济内容

2014 年 1 月 30 日，开出转账支票，支付丰达市通讯器材公司货款 234 000 元。

（2）业务的会计分录

借：应付账款——丰达通讯　　234 000
　　贷：银行存款——工行丰达支行　　234 000

（3）备查事项的记录

在“转账支票使用登记簿”上记录：

收 款 人：丰达市通讯器材公司

款项用途：支付货款

结算金额：234 000 元

支票号码：2834538

签发日期：2014 年 1 月 30 日

第二节　期末调整业务学习指导

业务 61 指导

（1）业务的基本经济内容

2014 年 1 月 31 日，调整、确认出租设备的租金收入。

（2）业务分析

本月 1 日出租设备预收全年租金 120 000 元，故本月确认收入 10 000 元，同时冲销预收账款。

（3）业务的会计分录

借：预收账款——建华通讯器材公司　　10 000

　　贷：其他业务收入　　10 000

业务 62 指导

（1）业务的基本经济内容

2014 年 1 月 31 日，摊销债券溢价。

（2）业务分析

由于此次发行债券的资金用于在建工程项目，溢价的摊销应计入“在建工程”不影响损益，所以简化处理，按直线摊销溢价。本月 1 日发行 5 年期债券，溢价 18 000 元，故每月摊销 300 元。每月应计利息 4 750（1 000 000×5.7%÷12）元，所以，应计入在建工程的金额为 4 450 元。

（3）业务的会计分录

借：在建工程——新办公楼　　4 350

　　应付债券——利息调整　　400

　　贷：应付债券——应计利息　　4 750

业务 63 指导

（1）业务的基本经济内容

2014 年 1 月 31 日，计算短期借款利息（工商银行：6 个月借款）。

（2）业务分析

2014 年 1 月 4 日，公司从中国工商银行平安支行借入为期六个月的借款 912 000 元，年利率为 5.494%。所以本月应提利息为 4 175（912 000×5.494%÷12）元。

（3）业务的会计分录

借：财务费用——利息支出　　4 175.44

　　贷：应付利息——短期借款利息　　4 175.44

业务 64 指导

（1）业务的基本经济内容

2014 年 1 月 31 日，预提长期借款利息（建设银行：五年期基建借款）

（2）业务分析

查阅第三章备查簿资料，有建设银行五年期基建借款，2013 年 1 月 1 日借入，本金 1 000 000 元，年利率 6.79%，按单利计息，利随本清。故本月应计利息为 5 658.33（1 000 000×6.79%÷12）元。

（3）业务的会计分录

借：在建工程——新办公楼　　5 658.33

　　贷：应付利息——五年期借款利息　　5 658.33

业务 65 指导

（1）业务的基本经济内容

2014 年 1 月 31 日，摊销应由本月负担的待摊费用——红旗轿车保险费。

（2）业务分析

查阅第三章备查簿资料，有红旗轿车保险费，公司于 2013 年 7 月 1 日参保，年保费 12 000 元，分 12 个月摊销。本月摊销 1 000 元。

（3）业务的会计分录

借：管理费用——车辆保险费　　1 000

　　贷：预付账款——红旗轿车保险费　　1 000

业务 66 指导

（1）业务的基本经济内容

2014 年 1 月 31 日，企业从开户银行中国工商银行取得银行对账单，余额为 2 705 305.60 元，银行存款日记账余额 420 928.60 元。当日进行了财产清查，结果发现现金短款 200 元，处理意见是暂时记作应收出纳员款项。发现原材料送话器、受话器盘亏 50 个，经批准列作当期管理费用。

（2）业务分析

现金和存货的清查，按照现金盘点报告单和存货清查报告单上的处理意见进行对应的账务处理即可。

企业从开户银行取得银行对账单，余额为 2 705 305.60 元，银行存款日记账余额 420 928.60 元。经逐项核对，发现以下未达账项：

1）企业已收入账、银行尚未入账 0 元。

2）企业已付出账、银行尚未出账：商业承兑汇票到期办理划转，金额为 122 265 元。支付丰达市通讯器材公司货款，金额为 234 000 元。

3）银行已收入账、企业尚未入账：收到丰达市燕莎商场货款，金额为 2 070 900 元。

4）银行已付出账、企业尚未出账：支付石家庄有机塑料股份有限公司货款为 142 788

元。据此编制银行存款余额调节表如表 5.1 所示。

表 5.1　银行存款余额调节表

2014 年 1 月 31 日　　单位：元

项　目	金　额	项　目	金　额
银行对账余额	2 705 305.60	企业存款日记账余额	420 928.60
加：企业已收入账、银行尚未入账款项	0.00	加：银行已收入账、企业尚未入账款项 收到丰达市燕莎商场货款	2 070 900.00
减：企业已付出账、银行尚未出账款项 商业承兑汇票到期办理划转 支付丰达市通讯器材公司货款	122 265.00 234 000.00	减：银行已付出账、企业尚未出账款项 支付石家庄有机塑料股份有限公司货款	142 788.00
调节后的余额	2 349 040.60	调节后的余额	2 349 040.60

（3）业务凭证审核要点

该笔业务有原始凭证 4 项：现金盘点报告单、存货清查报告单、银行对账单和银行存款余额调节表。凭证审核的要点是：检查报告单及调节表上各项目是否填写完整；数字计算是否有错误；各有关人员是否已签名或盖章。

（4）业务的会计分录

借：待处理财产损溢——待处理流动资产损溢　200
　　贷：库存现金　200
借：其他应收款——赵勇　200
　　贷：待处理财产损溢——待处理流动资产损溢　200
借：待处理财产损溢——待处理流动资产损溢　300
　　贷：原材料——送话器、受话器　300
借：管理费用——存货盘亏　300
　　贷：待处理财产损溢——待处理流动资产损溢　300

业务 67 指导

（1）业务的基本经济内容

2014 年 1 月 31 日，计算“无形资产——XD-0506、0508 话机模板软件”的本期摊销额。

（2）业务分析

查阅第三章备查簿资料，有无形资产——XD-0506 电话机模板软件，2009 年 12 月 25 日购入，原价 360 000 元。无形资产——XD-0508 电话机模板软件，2010 年 12 月 30 日购入，原价 240 000 元，摊销期均为 60 个月。

（3）业务的会计分录

借：管理费用——无形资产摊销　10 000
　　贷：累计摊销——0506 话机模板软件　6 000
　　　　　　　　——0508 话机模板软件　4 000

业务 68 指导

（1）业务的基本经济内容

2014 年 1 月 31 日，业务 30 中的“研发支出”转作“管理费用”。

（2）业务分析

根据《企业会计准则》的规定研究阶段的“研发支出”，月末应全部转作费用。

（3）业务凭证填制参考

借：管理费用——研发费 23 543.04

贷：研发支出——费用化支出 23 543.04

业务 69 指导

（1）业务的基本经济内容

2014 年 1 月 31 日，分配工资并提取职工保险费、工会经费和职工教育经费。

（2）业务分析

1）各车间生产工人的工资应在产品之间进行分配（以产品当期投入的计划定额工时为标准）。产品当期投入的计划定额工时＝各产品当期计划投产量×工时消耗定额。

HXD-0506 当期投入的定额工时＝35 000×0.1 小时＝3 500 小时

HXD-0508 当期投入的定额工时＝40 000×0.1 小时＝4 000 小时

XD-0506 当期投入的定额工时＝35 000×0.5 小时＝17 500 小时

XD-0508 当期投入的定额工时＝40 000×0.5 小时＝20 000 小时

2）需要分配的工资只是生产费用部分，即基本工资和津贴奖金等，养老保险以及住房公积金按比例（20%、11%）计提即可。所以一车间待分配的工资额为 135 000 元，二车间待分配的工资额为 128 000 元。

3）按照应付工资总额的 2%计提工会经费、1.5%计提职工教育基金。

（3）业务凭证审核要点

该业务的原始凭证有当月职工工资汇总表一项、当月工资分配表一项、工会经费和职工教育经费计提表各一项。凭证审核的要点是：①审查工资汇总表上“代扣款项”的计提比例、计提项目是否正确完整，表中金额横竖合计是否相等。②审查工资分配表借方科目、对应金额是否正确，分配金额合计与当月职工工资汇总表中数据核对是否一致等。③审查工会经费和职工教育经费计提比例以及计算金额是否正确。

（4）业务的会计分录

借：生产成本——基本生产成本—XD-0506 —直接人工 86 016.96

——基本生产成本—XD-0508 —直接人工 98 303.04

——基本生产成本—HXD-0506 —直接人工 90 720

——基本生产成本—HXD-0508 —直接人工 103 680

生产成本——辅助生产成本—机修车间—制造费用 28 800

制造费用——一车间—工资及福利 21 600

——二车间—工资及福利 17 280

管理费用——工资及福利 233 208

销售费用——工资及福利 32 400

研发支出——工资及福利 15 840

贷：应付职工薪酬——应付工资 505 450

——住房公积金 55 599.50

—养老保险 101 090

——医疗保险 37 908.75

——工会经费 10 109

——失业保险 10 109

——职工教育经费 7 581.75

业务 70 指导

（1）业务的基本经济内容

2014 年 1 月 31 日，计算、结转材料成本差异。

（2）业务分析

该笔业务是材料成本差异的处理，按现行会计制度规定，要求计算分项或个别差异率，本业务指导按个别差异率计算结转差异。

（3）业务主要凭证及其审核要点

该业务的原始凭证有发出材料成本差异计算表 1 张、发料汇总表 1 张、本月材料成本差异分配表 1 张。凭证审核要点：①看差异率、差异计算正确与否，看差异超支还是节约。②看发料汇总数量、金额是否正确，对应部门有无错误。③看材料成本差异分配表中材料差异汇总是否正确。

（4）业务的会计分录

借：生产成本——基本生产成本—HXD-0506—直接材料 3 618.18

—HXD-0508—直接材料 1 394.628

—XD-0506—直接材料 2 277

—XD-0508—直接材料 1 235.25

贷：材料成本差异——塑料-0506—直接材料 3 645.68

——塑料-0508—直接材料 1 394.628

——添加剂-0506—直接材料 27.5

——话机主板-0506—直接材料 2 277

——话机主板-0508—直接材料 1 235.25

业务 71 指导

（1）业务的基本经济内容

2014 年 1 月 31 日，分配当月水电费。

（2）业务分析

依据当月“公司各部门耗水耗电情况统计表”，月末公司内部分摊水电费，编制“水电费分配表”，水电费在部门之间分摊要按照水电耗用量为标准，在生产车间的分配采用当期投入的定额工时为标准。其中基本车间工艺用电要记入“生产成本——基本生产成本”账户；其他耗用的，记入“制造费用”账户；辅助车间的一律记入“生产成本——辅助生产成本”；其余部门耗用的要记入对应科目。分配时要贷记“其他应付款”。

产品当期投入的定额工时＝各产品当期计划投产量×工时消耗定额。

HXD-0506 当期投入的定额工时＝35 000×0.1 小时＝3 500 小时

HXD-0508 当期投入的定额工时＝40 000×0.1 小时＝4 000 小时

XD-0506 当期投入的定额工时＝35 000×0.5 小时＝17 500 小时

XD-0508 当期投入的定额工时＝40 000×0.5 小时＝20 000 小时

（3）业务凭证及审核要点

该业务的原始凭证有公司各部门耗水耗电情况统计表一项；水电费分配表一项。凭证审核要点：看分配率、分配金额计算正确与否，看分配结果与水电费归集是否一致等。

（4）业务的会计分录

借：生产成本——基本生产成本—XD-0506—其他直接费　10 266
　　　　　　——基本生产成本—XD-0508—其他直接费　11 734
　　　　　　——基本生产成本—HXD-0506—其他直接费　9 333.20
　　　　　　——基本生产成本—HXD-0508—其他直接费　10 666.80
　　生产成本——辅助生产成本—机修车间—水电费　1 500
　　制造费用——一车间—水电费　6 000
　　　　　　——二车间—水电费　9 300
　　管理费用——水电费　3 200
　　销售费用——水电费　1 500
　　贷：其他应付款——待摊电费　58 500
　　　　　　　　　——待摊水费　5 000

业务 72 指导

（1）业务的基本经济内容

2014 年 1 月 31 日，归集分配当月辅助费用，编制辅助费用分配表。

（2）业务分析

根据公司会计制度，辅助费用采用直接分配法分配，不考虑辅助内部消耗。

（3）业务凭证及审核要点

该业务的原始凭证有辅助劳务量统计表、辅助费用分配表 1 张。凭证审核要点：看辅助劳务量统计表、辅助费用分配表原始数据有无明显失当，看辅助劳务量统计表、辅助费用分配表数据计算是否合理正确。看辅助费用明细账数据归集、转出是否正确。

（4）业务的会计分录

借：制造费用——一车间—修理费　9 628.80
　　　　　　——二车间—修理费　7 703.04

管理费用——修理费 2 888.72

销售费用——修理费 4 814.40

研发支出——修理费 7 703.04

贷：生产成本——辅助生产成本—机修车间 32 738

※尾差计入“管理费用”账户。

业务 73 指导

（1）业务的基本经济内容

2014 年 1 月 31 日，归集分配制造费用，编制费用分配表。

（2）业务分析

该笔业务只在基本车间的产品之间进行分配，制度要求用当期投入的定额工时进行分配。

产品当期投入的定额工时＝各产品当期计划投产量×工时消耗定额。

HXD-0506 当期投入的定额工时＝35 000×0.1 小时＝3 500 小时

HXD-0508 当期投入的定额工时＝40 000×0.1 小时＝4 000 小时

XD-0506 当期投入的定额工时＝35 000×0.5 小时＝17 500 小时

XD-0508 当期投入的定额工时＝40 000×0.5 小时＝20 000 小时

（3）业务凭证及审核要点

该业务的原始凭证有制造费用明细账、分配表各 2 张。凭证审核要点：①审查制造费用明细账数据归集是否正确。②审查制造费用分配表原始数据有无明显失当，看制造费用分配表数据计算是否合理正确。

（4）业务的会计分录

借：生产成本——基本生产成本—HXD-0506—制造费用 33 338

—HXD-0508—制造费用 38 100.8

—XD-0506—制造费用 25 710.24

—XD-0508—制造费用 29 382

贷：制造费用——一车间 71 438.8

——二车间 55 092.24

业务 74 指导

（1）业务的基本经济内容

2014 年 1 月 31 日，调整本月自制半成品、库存商品成本差异。

（2）业务分析

该笔业务是依据公司核算制度，把本月自制半成品、库存商品的定额成本调整为实际成本。因为生产车间日常是按照定额成本收发自制半成品、库存商品，所以应该将生产成本账也同时进行调整。

（3）业务凭证及审核要点

该业务有成本计算单 6 张、成本汇总表 1 张。审核要点：①看成本计算单各项数据计算是否正确、数据横竖合计是否一致、分配方法及分配标准是否合适。②看成本汇总表中各项数据计算是否正确、数据横竖合计是否一致、差异计算是否正确等。

（4）业务的会计分录

① 调整完工入库产品成本差异

借：库存商品——XD-0506　　317 865.90

　　　　　——XD-0508　　466 231.25

　　生产成本——自制半成品—HXD-0506　　31 752.82

　　　　　　　　　　　　—HXD-0508　　5 434.02

　　贷：生产成本——基本生产成本—XD-0506　　317 865.90

　　　　　　　　　　　　　　　—XD-0508　　466 231.25

　　　　　　　　　　　　　　　—HXD-0506　　31752.82

　　　　　　　　　　　　　　　—HXD-0508　　5 434.02

② 调整半成品出库成本

借：生产成本——基本生产成本—XD-0506—直接材料　　31 752.82

　　　　　　　　　　　　　—XD-0508—直接材料　　5 232.60

　　贷：生产成本——自制半成品—HXD-0506　　31 752.82

　　　　　　　　　　　　　　—HXD-0508　　5 232.60

业务 75 指导

（1）业务的基本经济内容

2014 年 1 月 31 日，计算并结转本月销售成本。

（2）业务分析

该笔业务是依据公司核算制度，把本月库存商品的定额成本调整为实际成本之后，按照实际成本结转本月销售成本。

（3）业务凭证及审核要点

该业务有库存商品成本汇总表一项。审核要点：看成本汇总表中各项数据计算是否正确、数据横竖合计是否一致、差异计算是否正确等。

（4）业务的会计分录

借：主营业务成本——XD-0506　　1 122 256.60

　　　　　　　　——XD-0508　　1 566 037.20

　　贷：库存商品——XD-0506　　1 122 256.60

　　　　　　　　——XD-0508　　1 566 037.20

业务 76 指导

（1）业务的基本经济内容

2014 年 1 月 31 日，根据应交增值税明细账，计算本月应交的增值税并转至“应交税费——未交增值税”账户。

（2）业务分析

本业务无需原始凭证，直接转账处理，转出未交增值税＝销项税额＋进项税额转出－进项税额－已交税金。

（3）业务的会计分录

借：应交税费——增值税—转出未交增值税　　699 636.1

　　贷：应交税费——未交增值税　　699 636.1

业务 77 指导

（1）业务的基本经济内容

2014 年 1 月 31 日，计提本期流转税费。

（2）业务分析

该企业本期应计提的流转税主要包括：销售商品应计算交纳的增值税，以及以增值税为基础计算的城建税和教育附加税。

（3）业务凭证填制参考

原始凭证 77-1/1

丰达市迅达通讯设备股份有限责任公司 月度流转税、费计算汇总表

2014 年 1 月　　单位：元

收入项目	所属税种	适用税率	应税金额	应交税额
商品销售收入	增值税	17%		699 636.1

附表：应交城市维护建设税及教育附加费计算表

计税税基及计费基础		应交城市维护建设税		应交教育附加费	
		税 率	税 额	费 率	费 额
增值税	699 636.1	7%	48 974.53	3%	20 989.08
合　计			48 974.53		20 989.08

（4）业务凭证审核要点

该业务的原始凭证是一张月度流转税、费计算汇总表。凭证审核的要点是：检查税项、税种、税率、应税金额是否计算正确。

（5）业务的会计分录

借：营业税金及附加　　69 963.61

　　贷：应交税费——城建税　　48 974.53

　　　　　　　　——教育费附加　　20 989.08

业务 78 指导

（1）业务的基本经济内容

2014 年 1 月 31 日，结转损益类账户余额至“本年利润”账户。

（2）业务分析

查阅总分类账及明细账，计算出本月各损益类账户的本期发生额，并做结转至“本年利润”的账务处理。

（3）业务凭证填制参考

原始凭证 78-1/1

丰达市迅达通讯设备股份有限责任公司 月度损益类账户发生额汇总表

2014 年 1 月

费用、支出类科目			收入、收益类科目		
科目名称	本期发生额		科目名称	本期发生额	
	借 方	贷 方		借 方	贷 方
营业成本	2 692 737.80		营业收入		6 800 000
营业税金及附加	69 963.61		投资收益		71 400
管理费用	304 629.83				
销售费用	61 414.40				
财务费用	114 329.44				
营业外支出	86 166.60				
所得税费用					
金额合计	**3 329 241.68**		金额合计		**6 871 400**

（4）业务的会计分录

借：主营业务收入——0506 话机　　2 820 000
　　　　　　　　——0508 话机　　3 920 000
　　其他业务收入　　60 000
　　投资收益　　71 400
　　贷：本年利润　　6 871 400

借：本年利润　　3 329 241.68
　　贷：主营业务成本——0506 话机　　1 122 256.60
　　　　　　　　　　——0508 话机　　1 566 037.20
　　　　其他业务成本　　4 444.00
　　　　营业税金及附加　　69 963.61
　　　　管理费用　　304 629.83
　　　　销售费用　　61 414.40
　　　　财务费用　　114 329.44
　　　　营业外支出　　86 166.60

业务 79 指导

（1）业务的基本经济内容

2014 年 1 月 31 日，计提所得税、结转所得税费用。

（2）业务分析

一般情况下，所得税按季预交、年终清算，为了练习纳税调整事项的处理，故要求 1 月底也按照税法要求，调整应税所得额，本月纳税调整事项有：①从联营企业分回的利润 59 000 元为税后利润分配给投资者，故无需再纳税，应纳税所得额应调减 59 000 元。②国库券的利息收入是免税的，所以应纳税所得额应调减 10 600 元。③《中华人民共和国企业所得税法》第三十条第（一）项规定，企业用于开发新技术、新产品、新工艺发生的研究开发费用，可以在计算应纳税所得额时加计扣除。按照研究开发费用的 50%

加计扣除，所以本月计税时，按研发支出 23 543.04 的 50%从利润总额中扣除，所以调减 11 771.52 元。④本月发生坏账 93 600 元，税法允许税前扣除坏账损失，应纳所得税额应调减 93 600 元，此项属于可抵扣暂时性差异的转回。填制业务凭证 79-1/1。

（3）业务凭证填制参考

原始凭证 79-1/1

丰达市迅达通讯设备股份有限责任公司 月度所得税计算调整表

2014 年 1 月

一、损益相抵后的税前利润	3 542 158.32	（5）灾害事故损失赔偿	
二、纳税调整增加额		（6）非公益救济性捐赠	
1. 超过规定标准项目		（7）非广告性赞助支出	
（1）工资支出		（8）粮食类白酒广告费	
（2）职工福利		（9）为其他企业贷款担保的支出项目	
（3）职工教育经费		（10）与收入无关的支出	
（4）工会经费		3. 应税收益项目	
（5）利息支出		（1）少计应税收益	
（6）业务招待费		（2）未计应税收益	
（7）公益救济性捐赠		（3）收回坏账损失	
（8）提取折旧费		三、纳税调整减少额	174 971.52
（9）无形资产摊销		1. 联营企业分回利润	59 000
（10）广告费		2. 境外收益	
（11）业务宣传费		3. 管理费	
（12）管理费		4. 研发支出加计 50%扣除	11 771.52
（13）其他		5. 发生坏账	93 600
2. 不允许扣除项目		6. 其他	10 600
（1）资本性支出		四、调整后应纳所得税额	3 367 186.80
（2）无形资产受让开发支出		适用税率	25%
（3）违法经营罚款和被没收财物损失		五、本期应纳所得税额	841 796.70
（4）税收滞纳金、罚金、罚款			

（4）业务会计分录

① 计算本期所得税费用

借：所得税费用　　865 196.7

　　贷：应交税费——应交所得税　　841 796.7

　　　　递延所得税资产　　23 400

② 结转所得税费用

借：本年利润　　865 196.7

　　贷：所得税费用　　865 196.7

第三节　编制会计报表学习指导

一、利润表

1. 利润表参考数据

利 润 表　　会企 02 表

编制单位：丰达市迅达通讯设备股份有限公司　　2014 年 1 月　　单位：元

项　　目	本期金额	上期金额
一、营业收入	6 800 000	
减：营业成本	2 692 737.80	
营业税金及附加	69 963.61	
销售费用	61 414.40	
管理费用	304 629.83	
财务费用	114 329.44	
资产减值损失		
加：公允价值变动收益（损失以“-”号填列）		
投资收益（损失以“-”号填列）	71 400	
其中：对联营企业和合营企业的投资收益		
二、营业利润（亏损以“-”号填列）	3 628 324.92	
加：营业外收入		
减：营业外支出	86 166.60	
其中：非流动资产处置损失		
三、利润总额（亏损总额以“-”号填列）	3 542 158.32	
减：所得税费用	871 196.70	
四、净利润（净亏损以“-”号填列）	2 670 961.62	
五、每股收益		
（一）基本每股收益		
（二）稀释每股收益		

2. 利润表编制说明

1）“营业收入”：根据“主营业务收入——0506 话机”、“主营业务收入——0508 话机”和“其他业务收入”明细账的发生额的合计填列。2 820 000＋3 920 000＋60 000＝6 800 000.00（元）。

2）“营业成本”：根据“主营业务成本——0506 话机”、“主营业务成本——0508 话机”和“其他业务成本”明细账的发生额合计填列。1 122 256.60＋1 566 037.20＋4 444＝2 692 737.80（元）。

3）“营业税金及附加”：根据“营业税金及附加”明细账的发生额 69 963.61 元填列。

4）“销售费用”：根据总账“销售费用”的发生额 61 414.40 元填列。

5）“管理费用”：根据总账“管理费用”的发生额 304 629.83 元填列。

6）“财务费用”：根据总账“财务费用”的发生额 114 329.44 元填列。

7）“投资收益”：根据总账“投资收益”的发生额 71 400 元填列。

8）“营业外支出”：根据总账“营业外支出”的发生额 86 166.60 元填列。

9）"所得税费用"：按利润表各步骤依次计算得来，详见表 5.2。

表 5. 2　所得税计算表　　单位：元

项目	金额
一、损益相抵后的税前利润	3 542 158.32
二、纳税调整增加额	
工资支出	
职工福利	
职工教育经费	
工会经费	
三、纳税调整减少额	
联营企业分回利润	12 000
研发支出的加计扣除	11 771.52
发生坏账	33 600
四、调整后应纳所得税额	3 484 786.80
适用税率	25%
五、本期应纳所得税额	871 196.70

二、资产负债表

1. 资产负债表参考数据

资产负债表

会企 01 表

编制单位：丰达市迅达通讯设备股份有限责任公司　2014 年 1 月 31 日　　单位：元

资　产	期末余额	年初余额	负债和所有者（或股东权益）	期末余额	年初余额
流动资产：			流动负债：		
货币资金	4 048 028.60	6 369 928	短期借款	3 825 300	4 000 000
交易性金融资产		60 000	交易性金融负债		
应收票据	2 966 300	46 800	应付票据	23 985	120 510
应收账款	4 815 060	687 960	应付账款	206 388	357 600
预付款项	5 000	46 000	预收款项	110 000	120 000
应收利息			应付职工薪酬	727 848	629 446.61
应收股利			应交税费	1 611 396.41	77 535.34
其他应收款	20 300	5 000	应付利息	9 833.77	42 000
存货	710 753.26	442 568	应付股利	540 000	540 000
一年内到期非流动资产			其他应付款	292 915.55	10 000
其他流动资产			一年内到期的非流动负债		
流动资产合计	12 565 441.86	7 658 256	其他流动负债		
非流动资产：			流动负债合计	7 347 666.73	5 897 093.45
可供出售金融资产			非流动负债：		
持有到期投资		118 000	长期借款	1 000 000	1 000 000
长期应收款			应付债券	1 028 350	
长期股权投资	359 000	300 000	长期应付款		
投资性房地产			专项应付款		
固定资产	9 282 833.07	9 257 742.34	预计负债		
在建工程	6 116 008.33	5 800 000	递延所得税负债	15 000	15 000

续表

资　　产	期末余额	年初余额	负债和所有者（或股东权益）	期末余额	年初余额
工程物资	24 000	24 000	其他非流动负债		
固定资产清理			非流动负债合计	2 043 350	1 015 000
生产性生物资产			负债合计	9 391 016.73	6 912 093.45
油气资产			所有者权益（或股东权益）：		
无形资产	158 000	168 000	实收资本（或股本）	12 752 000	12 752 000
开发支出			资本公积	729 984.89	729 984.89
商誉			减：库存股		
长期待摊费用			盈余公积	1 505 920	1 505 920
递延所得税资产	600	24 000	未分配利润	4 120 961.62	1 450 000
其他非流动资产			所有者权益（或股东权益）合计	19 114 866.51	16 437 904.89
非流动资产合计	15 940 441.40	15 691 742.34			
资产合计	28 505 883.26	23 349 998.34	负债和所有者权益（或股东权益）合计	28 505 883.26	23 349 998.34

2. 资产负债表编制指导

（1）资产负债表“年初数”栏

资产负债表“年初数”栏内各项数字，应根据上年末资产负债表“期末数”栏内所列数字填列。

（2）资产负债表“期末数”栏

1）流动资产项目。

“货币资金”：反映企业库存现金、银行结算户存款、外埠存款、银行汇票存款、银行本票存款、信用卡存款、信用保证金存款等的合计数。本项目应根据“库存现金”、“银行存款”、“其他货币资金”科目的期末余额合计填列，即

10＋4 028 018.60＋20 000＝4 048 028.60（元）

“应收票据”：反映企业收到的未到期收款也未向银行贴现的应收票据，包括商业承兑汇票和银行承兑汇票。本项目应根据“应收票据”科目的期末余额2 966 300元填列。

“应收账款”：反映企业因销售商品、产品和提供劳务等而应向购买单位收取的各项款项。本项目应根据“应收账款”科目所属各明细科目的期末借方余额合计，“预收账款”科目所属有关明细科目有借方余额的也在该项目中填列。需要注意的是“坏账准备”的期末余额借方 79 560 元，应作为“应收账款”的减项处理，因此，“应收账款”项目应填列的数据为2 468 700＋2 266 800－（－79 560）＝4 815 060元。

“预付账款”：反映企业预付给供应单位的款项。本项目应根据“预付账款”科目所属各明细科目的期末借方余额合计填列，“应付账款”科目所属明细科目有借方余额也在该项目中填列。本项目根据本科目的期末余额5 000元填列。

“其他应收款”：反映企业对其他单位和个人的应收和暂付的款项，减去已计提的坏账准备后的净额。本项目应根据“其他应收款”科目的期末余额，减去“坏账准备”科目中有关其他应收款计提的坏账准备期末余额后的金额填列，数据为20 300－0＝20 300元。

“存货”：反映企业期末在库、在途和在加工中的各项存货的可变现净值。本项目根据“材料采购（0元）”、“原材料（128 200元）”、“低值易耗品（43 696元）”、“材料成本差异（334.4元）”、“库存商品（84 109.05元）”、“生产成本（454 413.99元）”等科目的期末余额合计。数据为128 200＋43 696＋84 109.05＋454 413.99+334.4＝710 753.26元。

2）非流动资产项目。

“长期股权投资”反映企业不准备在1年内（含1年）变现的各种股权性质的投资的可收回金额。本项目根据“长期股权投资”科目的期末余额359 000元填列。

“固定资产”：以固定资产净值填列，应根据“固定资产”和“累计折旧”科目的期末余额13 125 240元和3 842 406.93元计算填列，即13 125 240－3 842 406.93＝9 282 833.07元。

“在建工程”：反映企业期末各项未完工程的实际支出。本项目应根据“在建工程”科目的期末余额6 111 008.33元填列。

“工程物资”：反映其各项工程尚未使用的工程物资的实际成本。本项目应根据“工程物资”科目的期末余额24 000元填列。

“无形资产”：反映企业各项无形资产的期末可收回金额。应根据“无形资产”和“累计摊销”科目的期末余额600 000元和442 000元计算填列，即600 000－442 000＝158 000元。

3）流动负债项目。

“短期借款”反映企业借入尚未归还的1年期以下（含1年）的借款。本项目应根据“短期借款”科目的期末余额3 825 300元填列。

“应付票据”：反映企业为了抵付货款等而开出、承兑的尚未到期付款的应付票据，包括银行承兑汇票和商业承兑汇票。本项目应根据“应付票据”科目的期末余额23 985元填列。

“应付账款”：反映企业购买原材料、商品和接受劳务供应等而应付给供应单位的款项。本项目应根据“应付账款”科目所属各有关明细科目的期末贷方余额合计填列，“预付账款”科目所属有关明细科目期末有贷方余额也应在该项目中填列，即112 788＋93 600＝206 388元。

“预收账款”：反映企业预收购买单位的账款。本项目应根据“预收账款”科目所属有关明细科目的期末贷方余额合计填列，“应收账款”科目所属明细科目有贷方余额的也在该项目中填列，即0＋110 000＝110 000元。

“应付职工薪酬”：反映企业应付未付的职工工资、奖金及各种津贴。本项目应根据“应付职工薪酬”科目贷方余额727 848元填列。

“应交税费”：反映企业期末未交、多交或未抵扣的各种税金。本项目应根据“应交税费”科目的期末贷方余额1 611 396.41元填列。

“应付利息”：反映企业按照合同约定应支付的利息。本项目应根据“应付利息”科目的期末贷方余额9 833.77元填列。

“应付股利”：反映企业尚未支付的现金股利。本项目应根据“应付股利”科目的期末余额540 000元填列。

“其他应付款”：反映企业所有应付和暂收其他单位和个人的款项，本项目应根据“其他应付款”科目的期末余额292 915.55元填列。

4）非流动负债项目。

“长期借款”：反映企业借入尚未归还的 1 年期以上（不含 1 年）的借款本息。本项目应根据“长期借款”科目的期末余额 1 000 000 元填列。

“应付债券”：反映企业发行的尚未偿还的各种长期债券的本息。本项目应根据“应付债券”科目的期末余额 1 028 350 元填列。

5）股东权益项目。

“股本”：反映企业各投资者实际投入的资本总额。本项目应根据“实收资本（股本）”科目的期末余额 12 752 000 元填列。

“资本公积”：反映企业资本公积的期末余额。本项目应根据“资本公积”科目的期末余额 729 984.89 元填列。

“盈余公积”：反映企业盈余公积的期末余额。本项目应根据“盈余公积”科目的期末余额 1 505 920 元填列。

“未分配利润”：反映企业尚未分配的利润。本项目应根据“本年利润”和“利润分配”科目的余额计算填列，数据为 2 670 961.62＋1 450 000＝41 269 661.62 元。

三、现金流量表

1. 现金流量表参考数据

现金流量表

会企 03 表

编制单位：丰达市迅达通讯设备股份有限公司　　2014 年 1 月　　单位：元

项　　目	本期金额	上期金额
一、经营活动产生的现金流量	3 598 101	
销售商品、提供劳务收到的现金		
收到的税费返还		
收到其他与经营活动有关的现金	140 400	
经营活动现金流入小计	3 718 101	
购买商品、接受劳务支付的现金	3 037 857.50	
支付给职工以及为职工支付的现金	346 531.06	
支付的各项税费	77 536.84	
支付其他与经营活动有关的现金	135 375	
经营活动现金流出小计	3 576 900.40	
经营活动产生的现金流量净额	141 200.60	
二、投资活动产生的现金流量		
收回投资收到的现金	160 000	
取得投资收益收到的现金	30 400	
处置固定资产、无形资产和其他长期资产收回的现金净额	15 500	
处置子公司及其他营业单位收到的现金净额		
收到其他与投资活动有关的现金		
投资活动现金流入小计	205 900	
购建固定资产、无形资产和其他长期资产支付的现金	536 000	
投资支付的现金		
取得子公司及其他营业单位支付的现金净额		
支付其他与投资活动有关的现金		

续表

项　　目	本期金额	上期金额
投资活动现金流出小计	536 000	
投资活动产生的现金流量净额	-330 100	
三、筹资活动产生的现金流量		
发行债券收到的现金	1 018 000	
取得借款收到的现金	912 000	
收到其他与筹资活动有关的现金		
筹资活动现金流入小计	1 930 000	
偿还债务支付的现金	4 000 000	
分配股利、利润或偿付利息支付的现金	63 000	
支付其他与筹资活动有关的现金		
筹资活动现金流出小计	4 063 000	
筹资活动产生的现金流量净额	-2 130 000	
四、汇率变动对现金及现金等价物的影响		
五、现金及现金等价物净增加额	-2 321 899.40	
加：期初现金及现金等价物余额	6 369 928	
六、期末现金及现金等价物余额	4 048 028.60	

2．现金流量表主表编制指导

1）经济活动产生的现金流量。

“销售商品、提供劳务收到的现金”：反映企业销售产品、提供劳务实际收到的现金（含销售收入和应向购买者收取的增值税销项税额），包括本期销售商品、提供劳务收到的现金，以及前期销售和提供劳务本期收到的现金和本期预收的款项，减去本期销售本期退回的商品和前期销售本期退回的商品支付的现金。涉及第5、24、40、47、50题，即304 200＋46 800＋304 200＋117 000＋2 825 901＝3 598 101元。

“收到其他与经营活动有关的现金”：反映企业收到的其他与经营活动有关的现金流入。涉及第1题140 400元。

“购买商品、接受劳务支付的现金”：反映企业购买材料、商品、接受劳务实际支付的现金（含货款以及增值税进项税额），包括本期购买商品、接受劳务支付的现金，以及本期支付前期购买商品、接受劳务的未付款项和本期预付款项。涉及第16、19、22、23、26、33、59、60题，即994 500＋1 426 887.5＋200＋100＋240 600＋19 305＋122 265＋234 000＝3 037 857.5元。

“支付给职工以及为职工支付的现金”：反映企业实际支付给职工，以及为职工支付的现金，包括本期实际支付给职工的工资、奖金、各种津贴和补贴等，以及为职工支付的其他费用。涉及第28题346 531.06元。

“支付的各种税费”：涉及第9题“应交税费——未交增值税、应交税费——应交所得税、应交税费——应交城建税、应交税费——应交营业税、应交税费——教育费附加”77 536.84元。

“支付的其他与经营活动有关的现金”：本项目反映企业支付的其他与经营活动有关的现金流出，如罚款支出、支付的差旅费、业务招待费、保险费等。涉及第6、7、12、20、30、34、35、52、53、56、57、67题，即＋500＋200＋8 480＋3 000＋29 740＋11 700

＋3 180＋680＋300＋3 300＋74 095＋200＝135 375 元。

2）投资活动产生的现金流量。

"收回投资所收到的现金"：反映企业出售、转让或到期收回除现金等价物以外的短期投资、长期股权投资而收到的现金，以及收回长期债权投资本金而收到的现金。涉及第 2、32 题，即 60 000+100 000＝160 000 元。

"取得投资收益收到的现金"：涉及第 2、32 题，即 1 800＋28 600＝30 400 元。

"处置固定资产、无形资产和其他长期资产而收回的现金净额"：反映企业出售固定资产、无形资产和其他长期资产所取得的现金，减去为处置这些资产而支付的有关费用后的净额。涉及第 37 题，即 18 000－2 500＝15 500 元。

"购建固定资产、无形资产和其他长期资产所支付的现金"：反映企业购买、建造固定资产，取得无形资产和其他长期资产所支付的现金。涉及第 48、51 题，即 236 000+300 000＝536 000 元。

3）筹资活动产生的现金流量净额。

"发行债券收到的现金"：涉及第 3 题 1 018 000 元。

"取得借款收到的现金"：反映企业举借各种短期、长期借款所收到的现金。涉及第 4 题 912 000 元。

"偿付债务支付的现金"：反映企业以现金偿还债务的本金。涉及 58 题 4 000 000 元。

"分配股利、利润或偿付利息支付的现金"：涉及第 58 题 63 000 元。

4）汇率变动对现金流量的影响。本期业务不涉及汇率变动对现金流量的影响。

5）"现金及现金等价物净增加额"：反映经营活动产生的现金流量净额、投资活动产生的现金流量净额与筹资活动产生的现金流量净额的合计 141 200.60＋（−330 100）＋（−2 133 000）＝−2 321 899.4 元。

"期初现金及现金等价物余额"：反映"库存现金"、"银行存款"、"其他货币资金"的期初余额合计 4 690＋6 345 238＋20 000＝6 369 928 元。

第四节　会计电算化实验学习指导

前面的实验业务和要求是针对手工会计核算设计的，非常适合进行手工的会计模拟实验。但随着会计信息处理方式的转变，许多人也需要实现会计电算化环境下的会计模拟实验，为了这一目的，本章将前面几章的模拟数据按照财务软件运行的要求进行整理、归类，并提出操作要求，形成一个上机实验的指导性内容，以方便读者参考。虽然国内财务软件存在同质化现象，但是操作使用的细节要求仍各有不同，在此只能将通用性操作的一些数据整理并提供，无法照顾到每种不同软件的操作细节。考虑到方便读者使用，本书以目前国内使用较多的用友 ERP850 系统为例来说明实验要求和部分操作，供读者参考。

实验指导（一）

根据第二章公司基本情况的信息，应规划完成设置用户、建立账套、设置权限等系统设置和管理工作。具体步骤和数据参考如下：

1. 设置用户

用户是操作使用软件的人员，不同的用户可能拥有不同的权限，在工作中扮演不同的角色。合理设置用户和权限对提升工作效率、加强内部控制、保证数据安全、提高会计信息质量都有积极的作用。在用友软件中，可先设置用户，再建立账套。其他有些软件可能要求先建立账套，再设置用户和权限。实验中按表 5.3 所列信息设置用户。

表 5.3 用户信息

用户 ID	用户全名	部门	用户 ID	用户全名	部门
001	秦贺	经理办公室	009	李芳	仓库
002	方杰	财务	010	秦佳	销售
003	李玉林	财务	011	刘小三	销售
004	赵勇	财务	012	张忠祥	采购
005	张明	财务	013	李大军	采购
006	宋敏	财务	014	朱建民	半成品车间
007	刘林	财务	015	褚志海	成品车间
008	杨勇	仓库	016	张丽	成品车间

设置用户基本操作步骤如下：

（1）登录“系统管理”

完成系统管理的操作必须进行身份注册。初次使用需以系统管理员身份注册，系统有账套以后，也可以账套主管身份注册。未注册前系统管理主要功能不可用。见图 5.1。

1）单击程序菜单中的“用友 ERP－U8/系统服务/系统管理”，进入系统管理窗口。

2）单击“系统/注册”，打开注册对话框。

3）在“服务器”项单击，输入应用服务器名称；如是单机用户或应用服务器安装在本机，本机就是应用服务器，输入或选择本机服务器名称即可。

4）输入操作员密码和姓名，操作员项输入系统默认的系统管理员“admin”，系统管理员密码默认为空。完成实验时，不必修改系统管理员密码。

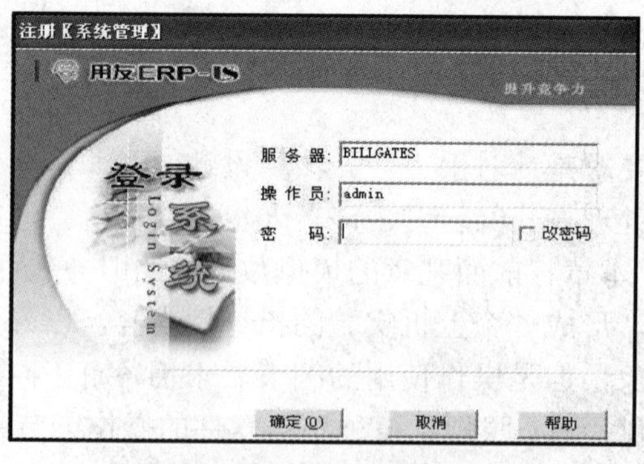

图 5.1 系统管理员注册系统管理

（2）设置用户

在用友 ERP-U8 系统中，有权登录系统并进行操作的人员即为用户。只有设置了具体的用户之后，才能进行相关的操作。登录系统的任何部分都会有用户身份检查。以系统管理员身份注册系统管理后，可以完成对用户的增加、删除、修改及赋予操作权限的工作。任何用户只能进行其权限之内的操作。

在“系统管理”主界面，选择【权限】菜单中的【用户】，点击进入用户管理功能界面。点击【增加】按钮，显示“增加用户”界面。此时录入编号、姓名、口令、所属部门、E-mail、手机号内容，并在所属角色中选中归属的内容。然后点击【增加】按钮，保存新增用户信息。

实验中需建立的用户信息如图 5.2 所示。实验中为方便记忆，可设置用户编号和用户口令一致，如 003 用户的密码也是 003，依此类推。

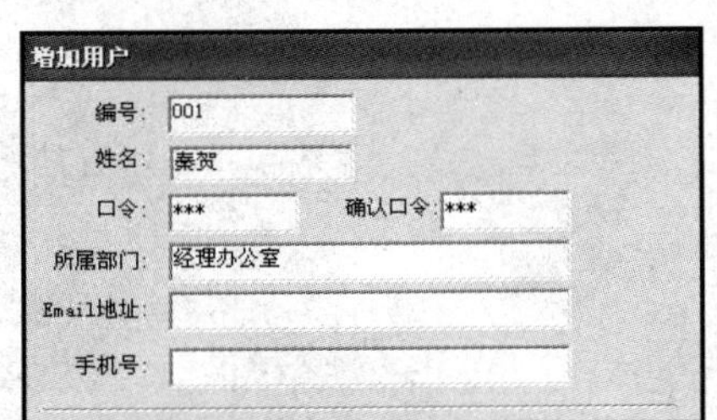

用户管理

打印 预览 输出 增加 删除 修改 刷新 帮助 退出

002	方杰	财务处	
003	李玉林	财务处	
004	赵勇	财务处	
005	张明	财务处	
006	宋敏	财务处	
007	刘林	财务处	
008	杨勇	仓库	
009	李芳	仓库	
010	秦佳	仓库	
011	刘小三	仓库	
012	张忠祥	仓库	
013	李大军	仓库	
014	朱建民	半成品车间	
015	褚志海	成品车间	
016	张丽	成品车间	

图 5.2　用户信息设置

选中要修改的用户信息，点击【修改】按钮，可进入修改状态。但已启用用户只能修改口令、所属部门、E-mail 等信息。此时系统会在“姓名”后出现“注销当前用户”的按钮，如果需要暂时停止使用该用户，则点击此按钮。此按钮会变为“启用当前用户”，可以点击继续启用该用户。

选中要删除的用户，点击【删除】按钮，可删除该用户。但已启用的用户不能删除。

2. 建立账套

财务软件通过账套来管理系统中的业务和财务数据，系统中可设置多个账套。初次使用系统需建立一个账套或引入一个账套，后续的业务处理和财务核算均基于某一账套进行。用友软件中所需要的账套信息按输入过程列示如下。

（1）账套信息

账套号：100

账套名称：丰达通讯

启用会计期间：2014 年 1 月

（2）单位信息

单位名称：丰达市讯达通讯设备股份有限责任公司

单位简称：丰达通讯

单位地址：丰达市启明大道 168 号

法人代表：秦贺

税号：854585459898888

（3）核算类型

本币代码：RMB

本币名称：人民币

企业类型：工业

行业性质：新会计制度科目（按行业性质预置科目）

账套主管：001（秦贺）

（4）基础信息

存货分类、客户不分类、供应商不分类、无外币核算

（5）分类编码方案

科目编码级次：42222

部门编码级次：22

客户分类编码级次：2

供应商分类编码级次：2

地区分类编码级次：222

存货分类编码级次：22223

收发类别编码级次：111

结算方式编码级次：12

其他编码级次按系统默认设置

（6）数据精度定义

按系统默认设置，建立账套基本操作步骤如下：

以系统管理员注册系统管理，在系统管理界面单击【账套】菜单选择【建立】，进入建立新账套的功能。

1）输入账套信息。用于记录新建账套的基本信息。信息内容如图 5.3 所示。

2）输入单位信息。设置本单位的基本信息。信息内容如图 5.4 所示。

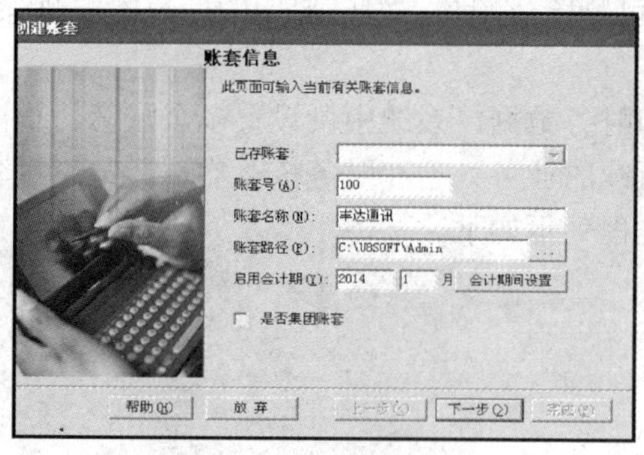

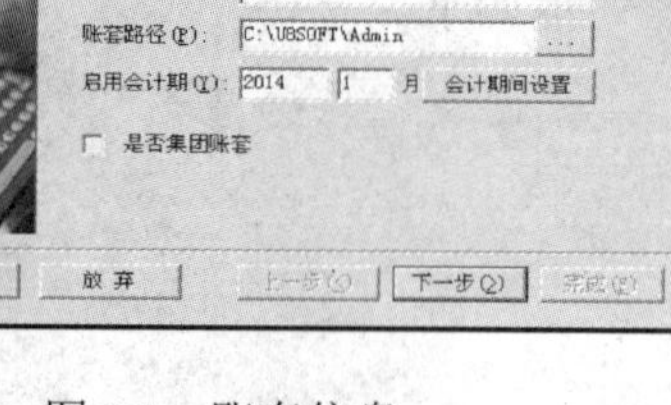

图 5.3 账套信息

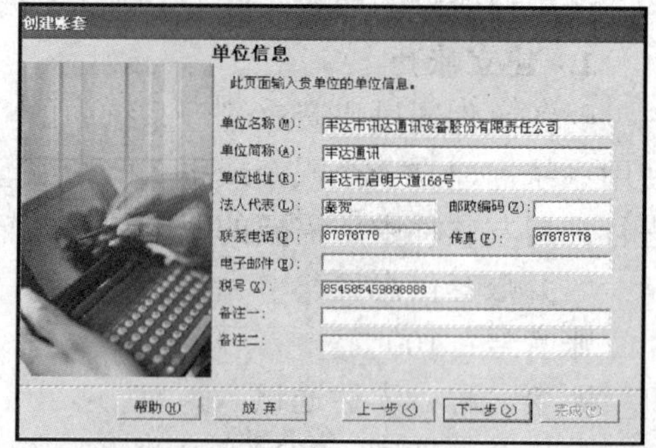

图 5.4 单位信息

3）核算类型设置。设置本单位的基本核算信息，信息内容如图 5.5 所示。

4）基础信息设置。信息内容如图 5.6 所示。

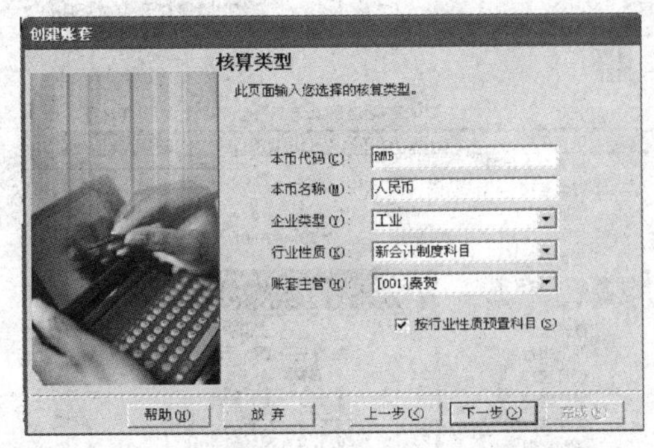

图 5.5　核算类型信息

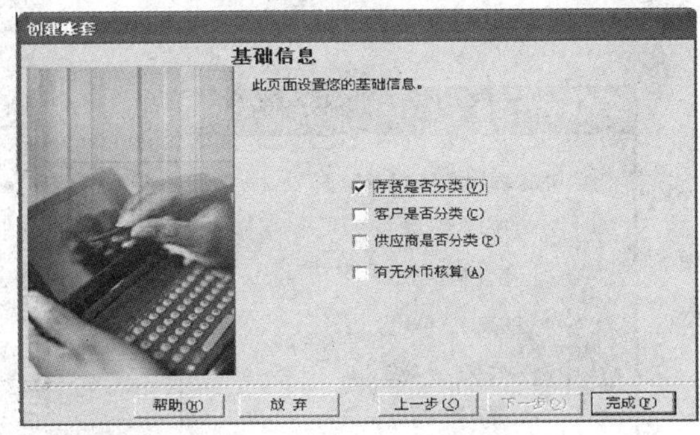

图 5.6　基础信息

5）在基础信息设置窗口点击“完成”，确认创建账套，系统创建账套需要几分钟时间，耐心等待。

6）设置分类编码方案。分类编码设置是为了便于用户进行分级核算、统计和管理。可分级设置的内容有：科目编码、客户分类编码、部门编码、存货分类编码、地区分类编码、货位编码、供应商分类编码、收发类别编码和结算方式编码。编码级次和各级编码长度的设置将决定用户单位如何编制基础数据的编号，进而构成用户分级核算、统计和管理的基础。用户可以点击要修改的编码方案中的级次和长度，背景显示为蓝色，按数字键定义级长。但设置的编码方案级次不能超过最大级数；同时系统限制最大长度，只能在最大长度范围内，增加级数，改变级长。分类编码信息如图 5.7 所示。

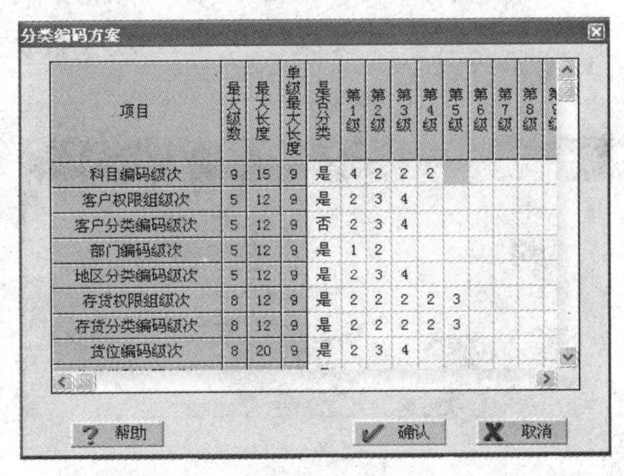
分类编码方案

项目	最大级数	最大长度	单级最大长度	是否分类	第1级	第2级	第3级	第4级	第5级	第6级	第7级	第8级
科目编码级次	9	15	9	是	4	2	2	2				
客户权限组级次	5	12	9	是	2	3	4					
客户分类编码级次	5	12	9	否	2	3	4					
部门编码级次	5	12	9	是	1	2						
地区分类编码级次	5	12	9	是	2	3	4					
存货权限组级次	8	12	9	是	2	2	2	2	3			
存货分类编码级次	8	12	9	是	2	2	2	2	3			
货位编码级次	8	20	9	是	2	3	4					

图 5.7　分类编码方案

7）数据精度定义是为了适应不同用户对数量、单价的核算精度要求不一致的情况，用户可根据企业的实际情况来进行设置。实验中数据精度定义如图 5.8 所示。

8）系统提示账套建立成功，点击“是”进入系统启用设置。系统启用是指设定用友 ERP-U8 各子系统开始使用的日期。只有启用后的子系统才能登录。用户创建一个新账套后，自动进入系统启用界面，用户可以一气呵成完成创建账套和系统启用。或者由“企业门户\基础信息\基本信息\系统启用”进入，完成系统启用的设置。

9）在系统启用界面，启用总账系统，注意启用日期，如图 5.9 所示。

至此，账套建立完毕，账套号是 100，用户 001 是账套主管。

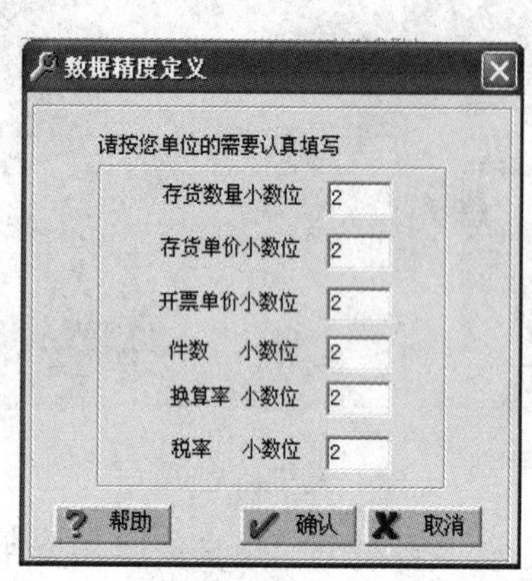

图 5.8 数据精度定义

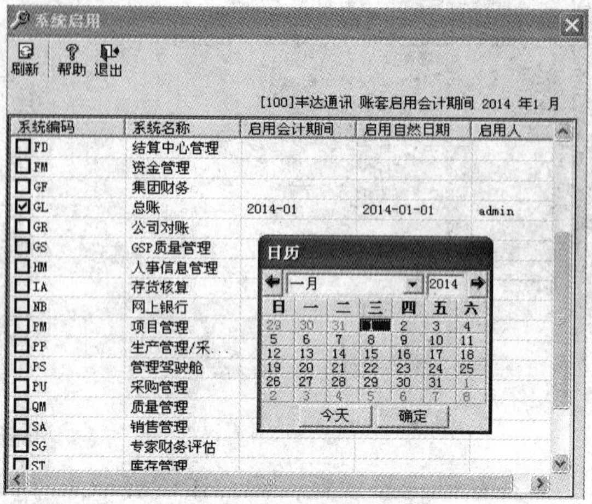

图 5.9 系统启用

3. 设置用户权限

用户权限设定将控制用户所能执行的操作和所能管理的数据。实验中可为部分操作员设定权限，如实验中可将 001（秦贺）设为账套主管，账套主管拥有所有权限。用户 002（方杰）设置为“会计主管”，将 003 设为“总账会计”，将 004 设为“出纳”，将 005 设为“材料会计”、“存货核算员”、“资产管理”，将 006 设为“应收会计”、“应付会计”，将 007 设为“成本会计”等。其他用户权限在需要时再设定。在用友软件中可通过“角色”来设定用户权限。

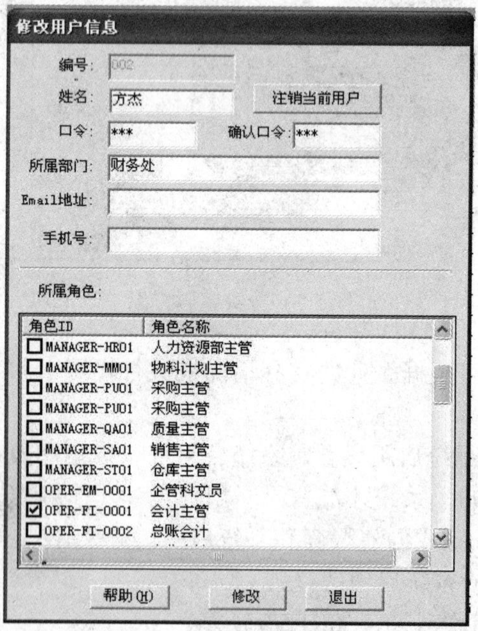

用友 ERP-U8 提供集中权限管理。可设置功能级权限、数据级权限和金额级权限。不同的权限组合方式将为企业的控制提供有效的方法。实验中注意设置好功能级权限即可。功能权限用来控制用户可使用的系统功能。以系统管理员身份注册系统管理，然后点击“权限”菜单下的“权限”，打开操作员权限窗口，即可进行功能权限分配。从操作员列表中选择操作员，点击“修改”按钮后，系统弹出“修改用户信息”窗口。在相应的权限框点击打勾表示拥有该权限，如图 5.10 所示。

图 5.10 功能权限设置

4. 系统启用

在许多财务软件中，建立账套后即代表针对该账套的功能已可使用，但在有的软件中，需指定启用的模块后，相关模块才可使用，比如要完成本书要求的核算业务，则必须启用总账和报表两个模块，其他模块可在需要时再启用。如在用友系统中，通过系统启用设定各子系统开始使用的日期。只有启用后的子系统才能登录。用户创建一个新账套后，自动进入系统启用界面，用户可以一气呵成完成创建账套和系统启用。或者由“企业门户\基础信息\基本信息\系统启用”进入，完成系统启用的设置。

5. 基础档案设置

为实现会计核算，必须先设定公用的基础档案信息，如部门信息、客户信息、供应商信息、科目信息等。大部分基础档案信息可为各个子系统（或模块）所共享。在新账套启用后，应根据实际的管理要求，做好基础档案的设置，以保证系统运行的顺畅。

用友系统中可设置的基础档案信息有30余项，可在“企业门户\控制台\基础信息\基础档案”中设置，也可在进入各个子系统后进行设置，但这些基础信息为各个子系统所共享。

基础档案设置涉及的信息项目多，而且有些基础信息项目之间存在前后承接关系，因此基础档案信息设置应遵从软件要求的顺序。图 5.11 是用友系统中基础档案信息的设置顺序，图中未列出的项目不存在先后顺序问题。

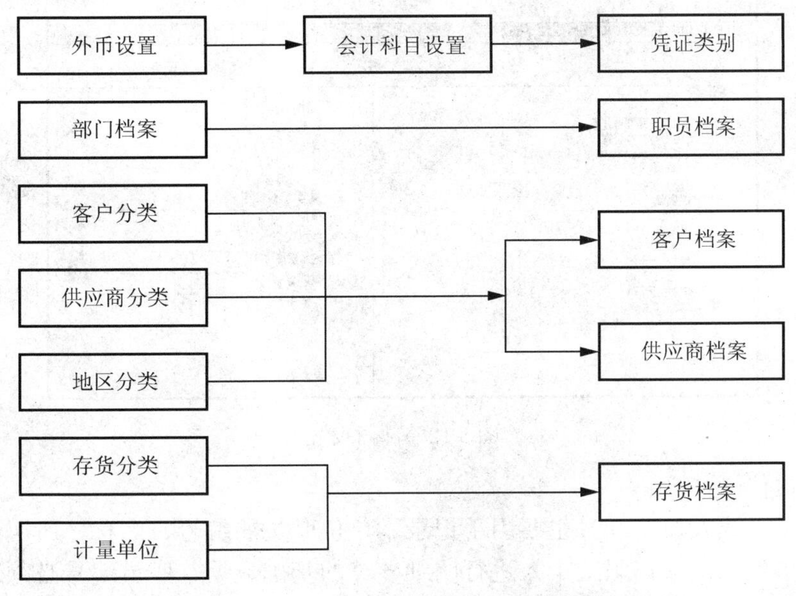

图 5.11　用友系统基础档案信息的设置顺序

（1）部门档案

部门档案主要用于设置企业各个职能部门的信息。部门指某使用单位下辖的具有分别进行财务核算或业务管理要求的单元体，不一定是实际中的部门机构。按照已经定义好的部门编码级次原则输入部门编码及名称、负责人、部门属性等信息。

注意：部门编码必须录入，长度必须符合编码级次原则，编码不能重复。部门名称必须录入。其他信息项大部分可选择输入。实验中部门信息可按表 5.4 设置。

表 5.4 部门信息

部门编码	部门名称	部门编码	部门名称
01	管理部	03	仓管部
0101	总经理办公室	04	研发部
0102	行政办公室	05	基本生产车间
0103	人事处	0501	一车间
0104	财务处	0502	二车间
0105	工会	06	辅助生产车间
02	销售部	0601	机修车间

在总账系统中，选择系统菜单中的“设置/编码档案/部门档案”，参照表 5.4，将公司部门信息输入系统，形成部门档案，如图 5.12 所示。

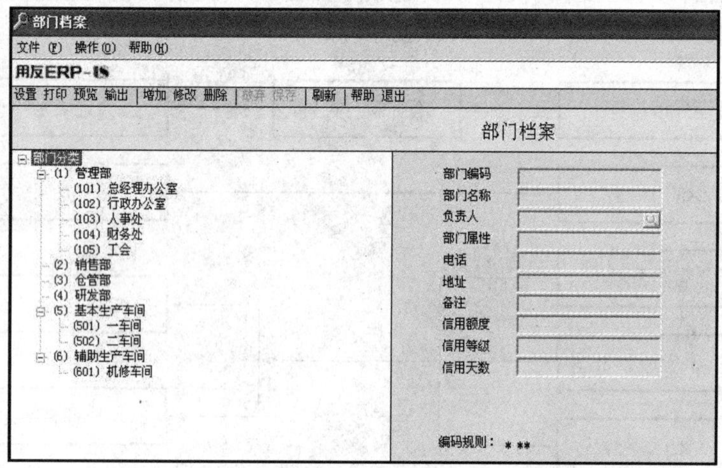

图 5.12 部门设置

（2）职员信息

职员信息（或人员信息）主要用于记录本单位职员的编号、名称、所属部门及职员属性等。职员信息是依据职工个人进行明细核算的基础数据。职员编号必须录入，且不能重复。职员名称必须录入，可以重复。其他信息项大部分可选择录入。实验中职员信息可按表 5.5 设置。

表 5.5 职员信息

职员编码	职员名称	部门名称
01	方杰	财务部
02	李玉林	财务部
03	赵勇	财务部
04	张明	财务部
05	宋敏	财务部
06	刘林	财务部

续表

职员编码	职员名称	部门名称
07	杨勇	仓管部
08	李芳	仓管部
09	秦佳	销售部
10	刘小三	销售部
11	张忠祥	采购部
12	李大军	采购部
13	朱建民	半成品车间
14	褚志海	成品车间
15	张丽	成品车间
16	秦贺	总经理办公室

（3）客户信息

客户信息主要用于记录本单位客户的编码、名称、所属部门及属性等。客户信息是依据客户进行明细核算的基础数据。客户编码必须唯一，长度要符合编码规则。客户名称必须输入。其他信息项大部分可选择录入。实验中客户信息可按表 5.6 设置。

表 5.6　客户信息

客户编码	客户名称	客户编码	客户名称
01	大连商贸股份有限公司	08	石家庄有机塑料股份有限公司
02	丰达市通讯器材公司	09	丰达市集成模板股份有限公司
03	丰达市包装印刷有限公司	10	重庆市同德化工厂
04	上海易购股份有限公司	11	山东通讯制造设备股份公司
05	成都华联商场	12	辽宁机电股份有限公司
06	沈阳五交化股份有限公司	13	上海东方测量仪器股份公司
07	丰达市燕莎商场		

在总账系统中，选择系统菜单中的“设置/编码档案/客户档案”，参照表 5.6，将公司客户信息输入系统，形成客户档案，如图 5.13 所示。

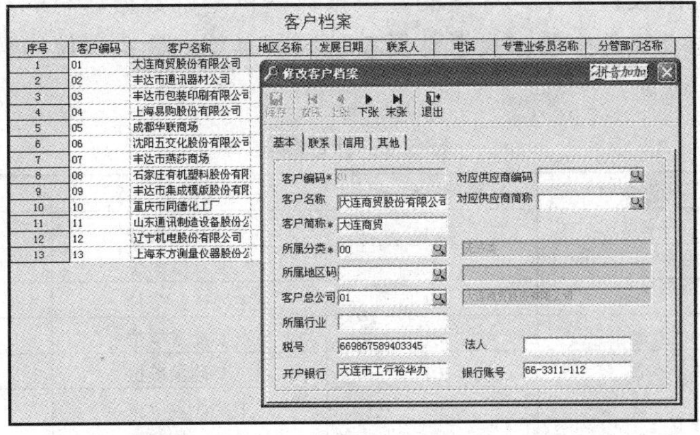

图 5.13　客户档案设置

（4）供应商信息

供应商信息主要用于记录本单位供应商的编码、名称、所属部门及属性等。供应商信息是依据供应商进行明细核算的基础数据。供应商编码必须唯一，长度要符合编码规则。供应商名称必须输入。其他信息项大部分可选择录入。实验中供应商信息可按表 5.7 设置。

表 5.7　供应商信息

供应商编码	供应商名称
01	石家庄有机塑料股份有限公司
02	丰达市集成模板股份有限公司
03	重庆市同德化工厂
04	丰达市通讯器材公司
05	丰达市包装印刷有限公司
06	山东通讯制造设备股份公司
07	辽宁机电股份有限公司
09	上海东方测量仪器股份公司

在总账系统中，选择系统菜单中的“设置/编码档案/供应商档案”，参照表 5.7，将公司供应商信息输入系统，形成供应商档案，如图 5.14 所示。

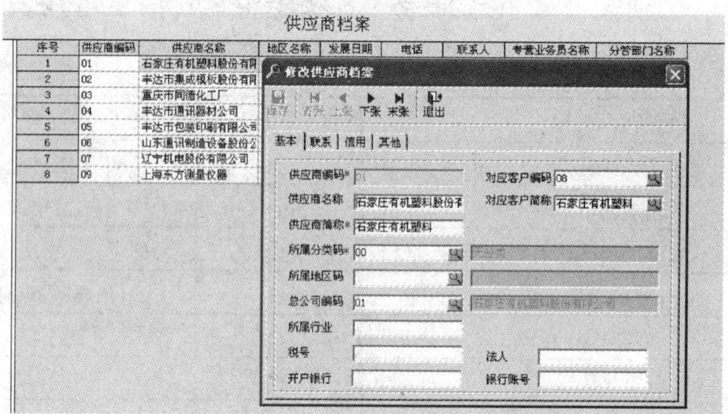

图 5.14　供应商档案设置

（5）计量单位信息

计量单位信息的设置主要为存货的数量核算提供基础数据。有的软件中可能并不要求一一设置，但用友软件中要求设置计量单位组和具体的计量单位内容。实验中计量单位信息可按表 5.8 设置。

表 5.8　计量单位

单位编码	单位名称	单位组编码	计量单位组名称	计量单位组类别
01	千克	01	主要计量单位	无换算
02	个	01	主要计量单位	无换算
03	件	01	主要计量单位	无换算
04	张	01	主要计量单位	无换算
05	把	01	主要计量单位	无换算
06	组	01	主要计量单位	无换算
07	双	01	主要计量单位	无换算
08	套	01	主要计量单位	无换算

进入企业门户，在基础档案中设置计量单位，应先设置计量单位组，在计量单位组下设置具体计量单位。具体计量单位按表 5.8 的信息设置，界面如图 5.15 所示。

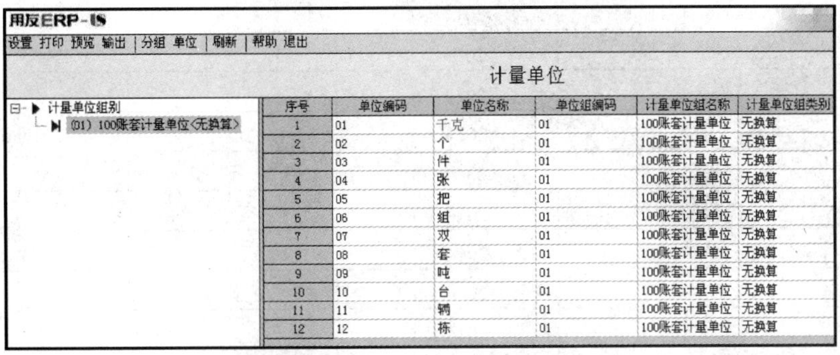

用友ERP-U8

设置 打印 预览 输出 | 分组 单位 | 刷新 | 帮助 退出

计量单位

计量单位组别
(01) 100账套计量单位<无换算>

序号	单位编码	单位名称	单位组编码	计量单位组名称	计量单位组类别
1	01	千克	01	100账套计量单位	无换算
2	02	个	01	100账套计量单位	无换算
3	03	件	01	100账套计量单位	无换算
4	04	张	01	100账套计量单位	无换算
5	05	把	01	100账套计量单位	无换算
6	06	组	01	100账套计量单位	无换算
7	07	双	01	100账套计量单位	无换算
8	08	套	01	100账套计量单位	无换算
9	09	吨	01	100账套计量单位	无换算
10	10	台	01	100账套计量单位	无换算
11	11	辆	01	100账套计量单位	无换算
12	12	栋	01	100账套计量单位	无换算

图 5.15　计量单位设置

（6）存货分类信息

存货分类信息是对存货进行分类管理和核算基础信息。实验中存货分类信息可按表 5.9 设置。

表 5.9　存货分类信息

分类编码	分类名称	分类编码	分类名称
01	原材料	0402	机物料
02	自制半成品	0403	劳保用品
03	库存商品	0404	工具
04	低值易耗品	05	工程物资
0401	办公用具	06	包装物

在用友系统中，存货分类信息可在“企业门户”的基础档案中设置，也可在总账系统中设置。

（7）存货档案信息

存货档案信息是对存货进行管理和明细核算基础信息。实验中存货档案信息可按表 5.10 设置。

表 5.10　存货档案信息

存货编码	存货名称	启用日期	计量单位	所属分类
01	塑料-0506	2014-1-1	千克	原材料
02	塑料-0508	2014-1-1	千克	
03	添加剂-0506	2014-1-1	千克	
04	添加剂-0508	2014-1-1	千克	
05	话机主板-0506	2014-1-1	个	
06	话机主板-0508	2014-1-1	个	
07	话机显示屏-0506	2014-1-1	个	
08	话机显示屏-0508	2014-1-1	个	
09	送话器、受话器	2014-1-1	个	
10	HXD-0506 半成品	2014-1-1	个	自制半成品
11	HXD-0508 半成品	2014-1-1	个	

续表

存货编码	存货名称	启用日期	计量单位	所属分类
12	XD-0506 电话机	2014-1-1	件	库存商品
13	XD-0508 电话机	2014-1-1	件	
14	办公桌	2014-1-1	张	办公用具
15	文件柜	2014-1-1	组	
16	转椅	2014-1-1	把	
17	机油	2014-1-1	千克	机物料
18	黄油	2014-1-1	千克	
19	工作服	2014-1-1	套	劳保用品
20	手套	2014-1-1	双	
21	电工组合工具	2014-1-1	套	工具
22	修理组合工具	2014-1-1	套	
23	钢材	2014-1-1	吨	工程物资
24	水泥	2014-1-1	吨	

用友系统中，存货档案信息可在“企业门户”的基础档案中设置，也可在总账系统中设置。设置时只需输入表 5.10 给出的信息即可。

（8）结算方式

结算方式是指企业业务活动中的财务结算方式，如现金结算、支票结算等。结算方式是出纳银行对账的重要数据。实验中结算方式可按表 5.11 设置。

表 5.11 结算方式

结算方式编码	结算方式名称
1	现金结算
2	支票结算
3	汇票结算

结算方式可在“企业门户”的基础档案中设置，也可在总账系统中设置。

除以上基础信息外，软件所要求的其他信息可根据需要自行设置。

基础信息设置后应及时备份数据，避免因数据丢失而重复输入。

实验指导（二）

在完成基础设置后，应为总账系统（或模块）准备初始数据，并完成相应设置。具体步骤和数据参考如下。

1. 会计科目设置

会计科目设置是会计核算的基础，根据丰达市讯达通讯设备股份有限责任公司会计核算的需要，应设置以下科目，如表 5.12 所示。

表 5.12 会计科目

科目编码	科目名称	是否数量核算	辅助账类型	账页格式	余额方向
1001	库存现金			金额式	借
1002	银行存款			金额式	借
100201	工商银行			金额式	借
100202	建设银行			金额式	借
1009	其他货币资金			金额式	借
100901	外埠存款			金额式	借
100902	银行本票			金额式	借
100903	银行汇票			金额式	借
100904	信用卡			金额式	借
100905	信用证保证金			金额式	借
100906	存出投资款			金额式	借
1101	交易性金融资产			金额式	借
110101	股票			金额式	借
110102	债券			金额式	借
110103	基金			金额式	借
110110	其他			金额式	借
1111	应收票据		客户往来	金额式	借
1121	应收股利			金额式	借
1122	应收利息			金额式	借
1131	应收账款		客户往来	金额式	借
1133	其他应收款			金额式	借
113301	于建国			金额式	借
113302	王玲			金额式	借
113303	租用录像机押金			金额式	借
1141	坏账准备			金额式	贷
1151	预付账款		供应商往来	金额式	借
115101	保险		红旗轿车保险费	金额式	借
1201	材料采购	是	项目核算	数量金额式	借
1211	原材料	是	项目核算	数量金额式	借
1221	包装物	是	项目核算	数量金额式	借
1231	低值易耗品	是	项目核算	数量金额式	借
1232	材料成本差异	否	项目核算	金额式	借
1241	自制半成品	是	项目核算	数量金额式	借
1243	库存商品	是	项目核算	数量金额式	借
1261	委托代销商品	是	项目核算	数量金额式	借
1281	存货跌价准备			金额式	贷
1291	分期收款发出商品	是	项目核算	数量金额式	借
1401	长期股权投资			金额式	借
140101	股票投资			金额式	借
14010101	华美科技			金额式	借
1401010101	投资成本			金额式	借
140102	其他股权投资			金额式	借
1402	持有至到期投资			金额式	借

续表

科目编码	科目名称	是否数量核算	辅助账类型	账页格式	余额方向
140201	债券投资			金额式	借
14020101	国库券			金额式	借
1402010101	面值			金额式	借
1402010102	应计利息			金额式	借
140202	其他债权投资			金额式	借
1421	长期投资减值准备			金额式	贷
1431	委托贷款			金额式	借
143101	本金			金额式	借
143102	利息			金额式	借
143103	减值准备			金额式	贷
1501	固定资产	是	部门项目	数量金额式	借
1502	累计折旧		部门项目	金额式	贷
1505	固定资产减值准备			金额式	贷
1601	工程物资			金额式	借
160101	专用材料	是	项目核算	数量金额式	借
160102	专用设备			金额式	借
160103	预付大型设备款			金额式	借
160104	为生产准备的工具及器具			金额式	借
1603	在建工程			金额式	借
160301	新办公楼			金额式	借
1605	在建工程减值准备			金额式	贷
1701	固定资产清理			金额式	借
1801	无形资产			金额式	借
1802	累计摊销			金额式	贷
1805	无形资产减值准备			金额式	贷
1901	长期待摊费用			金额式	借
1911	待处理财产损溢			金额式	借
191101	待处理流动资产损溢			金额式	借
191102	待处理固定资产损溢			金额式	借
2101	短期借款			金额式	贷
2111	应付票据		供应商往来	金额式	贷
2121	应付账款		供应商往来	金额式	贷
2131	预收账款		客户往来	金额式	贷
2151	应付职工薪酬			金额式	贷
2161	应付股利			金额式	贷
216101	国有股			金额式	贷
216102	职工股			金额式	贷
2171	应交税费			金额式	贷
217101	应交增值税			金额式	贷
21710101	进项税额			金额式	贷
21710102	已交税金			金额式	贷
21710103	转出未交增值税			金额式	贷
21710104	减免税款			金额式	贷
21710105	销项税额			金额式	贷

续表

科目编码	科目名称	是否数量核算	辅助账类型	账页格式	余额方向
21710106	出口退税			金额式	贷
21710107	进项税额转出			金额式	贷
21710108	出口抵减内销产品应纳税额			金额式	贷
21710109	转出多交增值税			金额式	贷
217102	未交增值税			金额式	贷
217103	应交营业税			金额式	贷
217104	应交消费税			金额式	贷
217105	应交资源税			金额式	贷
217106	应交所得税			金额式	贷
217107	应交土地增值税			金额式	贷
217108	应交城市维护建设税			金额式	贷
217109	应交房产税			金额式	贷
217110	应交土地使用税			金额式	贷
217111	应交车船使用税			金额式	贷
217112	应交个人所得税			金额式	贷
217113	教育费附加			金额式	贷
2181	其他应付款			金额式	贷
218101	临时工押金			金额式	贷
2191	应付利息			金额式	贷
219101	短期借款利息			金额式	贷
2301	长期借款			金额式	贷
230101	建设银行五年期借款			金额式	贷
23010101	本金			金额式	贷
2311	应付债券			金额式	贷
231101	债券面值			金额式	贷
231102	债券溢价			金额式	贷
231103	债券折价			金额式	贷
231104	应计利息			金额式	贷
2341	递延税款			金额式	贷
3101	实收资本（或股本）			金额式	贷
310101	国有股			金额式	贷
310102	职工股			金额式	贷
3103	已归还投资			金额式	借
3111	资本公积			金额式	贷
311101	资本（或股本）溢价			金额式	贷
311102	接受捐赠非现金资产准备			金额式	贷
311103	接受现金捐赠			金额式	贷
311104	股权投资准备			金额式	贷
311105	拨款转入			金额式	贷
311106	外币资本折算差额			金额式	贷
311107	其他资本公积			金额式	贷
3121	盈余公积			金额式	贷
312101	法定盈余公积			金额式	贷
312102	任意盈余公积			金额式	贷

续表

科目编码	科目名称	是否数量核算	辅助账类型	账页格式	余额方向
312104	储备基金			金额式	贷
312105	企业发展基金			金额式	贷
312106	利润归还投资			金额式	贷
3131	本年利润			金额式	贷
3141	利润分配			金额式	贷
314101	其他转入			金额式	贷
314102	提取法定盈余公积			金额式	贷
314104	提取储备基金			金额式	贷
314105	提取企业发展基金			金额式	贷
314106	提取职工奖励及福利基金			金额式	贷
314107	利润归还投资			金额式	贷
314108	应付优先股股利			金额式	贷
314109	提取任意盈余公积			金额式	贷
314110	应付普通股股利			金额式	贷
314111	转作资本（或股本）的普通股股利			金额式	贷
314115	未分配利润			金额式	贷
4101	生产成本			金额式	借
410101	基本生产成本			金额式	借
41010101	HXD-0506 半成品			金额式	借
4101010101	直接材料			金额式	借
4101010102	自制半成品			金额式	借
4101010103	直接人工费			金额式	借
4101010104	其他直接费			金额式	借
4101010105	制造费用			金额式	借
41010102	HXD-0508 半成品			金额式	借
4101010201	直接材料			金额式	借
4101010202	自制半成品			金额式	借
4101010203	直接人工费			金额式	借
4101010204	其他直接费			金额式	借
4101010205	制造费用			金额式	借
41010103	XD-0506 电话机			金额式	借
4101010301	直接材料			金额式	借
4101010302	自制半成品			金额式	借
4101010303	直接人工费			金额式	借
4101010304	其他直接费			金额式	借
4101010305	制造费用			金额式	借
41010104	XD-0508 电话机			金额式	借
4101010401	直接材料			金额式	借
4101010402	自制半成品			金额式	借
4101010403	直接人工费			金额式	借
4101010404	其他直接费			金额式	借
4101010405	制造费用			金额式	借
410102	辅助生产成本			金额式	借

续表

科目编码	科目名称	是否数量核算	辅助账类型	账页格式	余额方向
4105	制造费用			金额式	借
5101	主营业务收入			金额式	贷
5102	其他业务收入			金额式	贷
5201	投资收益			金额式	贷
5203	补贴收入			金额式	贷
5301	营业外收入			金额式	贷
5401	主营业务成本			金额式	借
5402	营业税金及附加			金额式	借
5405	其他业务成本			金额式	借
5501	销售费用			金额式	借
5502	管理费用			金额式	借
5503	财务费用			金额式	借
5601	营业外支出			金额式	借
5701	所得税费用			金额式	借

注意：辅助账设置说明。

（1）客户往来

将应收账款、应收票据、预付账款科目设置为客户往来，客户往来科目可衔接客户档案信息，实现按客户的明细核算。

（2）供应商往来

将应付账款、应付票据、预收账款科目设置为供应商往来，供应商往来科目可衔接供应商档案信息，实现按供应商的明细核算。

（3）项目核算

将存货类科目材料采购、原材料、包装物、低值易耗品、材料成本差异、自制半成品、库存商品、委托代销商品、分期收款发出商品、专用材料等设置为项目核算，与存货档案相衔接，实现存货的明细核算。

（4）部门核算

将固定资产和累计折旧设置为部门核算，实现按部门、按固定资产细目的明细核算。

（5）设置（用友系统中为指定科目）

“库存现金”科目为库存现金总账科目，为核算中形成库存现金账做准备。“银行存款”科目为银行总账科目，为核算中形成银行存款账和银行对账做准备；“库存现金”、“银行存款”、“其他货币资金”科目及它们的明细科目为现金流量科目，为形成现金流量表数据做准备。

2. 凭证类别设置

将凭证类别设置为一类，名称为“记账凭证”，科目无限制。

3. 项目目录设置

项目目录设置是为按项目实现明细核算做准备。

（1）存货核算项目

设置存货核算项目是为了实现存货明细核算，一般项目大类名称为“存货核算”，大类下按前面存货分类信息设置小类，每小类下面按具体存货设置存货项目。

为“存货核算”大类指定项目核算科目，如材料采购、原材料、包装物、低值易耗品等存货类科目，表示这些科目需要通过存货核算项目实现明细核算。

注意：在用友系统中，在定义项目大类时，直接指定“使用存货目录定义项目”，系统根据已有的存货档案信息自动生成存货核算的项目大类、小类和存货项目。

（2）固定资产项目

设置固定资产核算项目是为了实现固定资产明细核算，一般项目大类名称为“固定资产”，大类下按前面固定资产分类信息设置小类，每小类下面设置具体的固定资产项目，实验中可按下表 5.13 所列信息设置。

表 5.13　固定资产项目

项目大类	分类编码	分类名称	项目编号	项目名称
固定资产	1	生产设备	01	A 设备
			02	B 设备
			03	X 设备
			04	Y 设备
			05	维修设备
	2	房屋	06	一号厂房
			07	二号厂房
			08	辅一楼
			09	行政办公楼
			10	仓库
	3	办公设备	11	IBM 微机
			12	复印机
			13	佳伦打印机
			14	红旗轿车
			15	戴尔微机
			16	四通打印机

为“固定资产”大类指定项目核算科目，具体指定固定资产和累计折旧科目，表示这两个科目需要通过“固定资产”项目实现明细核算。

（3）现金流量项目

现金流量项目可按现金流量表中项目进行设置，是为达到分类记录现金流量、实现现金流量明细核算、方便编制现金流量表的目的而做准备。可按表 5.14 和表 5.15 的信息进行设置。

注意：许多软件中已有现金流量项目的信息，只需调整部分已变化的项目。

表 5.14 现金流量分类

项目大类	分类编码	分类名称
现金流量项目	01	经营活动
	0101	现金流入
	0102	现金流出
	02	投资活动
	0201	现金流入
	0202	现金流出
	03	筹资活动
	0301	现金流入
	0302	现金流出
	04	汇率变动
	0401	汇率变动
	05	现金及现金等价物
	0501	现金及现金等价物

表 5.15 现金流量项目

项目编号	项目名称	所属分类	方向
01	销售商品、提供劳务收到的现金	0101	流入
02	收到的税费返还	0101	流入
03	收到的其他与经营活动的有关现金	0101	流入
04	购买商品、接受劳务支付的现金	0102	流出
05	支付给职工以及为职工支付的现金	0102	流出
06	支付的各项税费	0102	流出
07	支付的与其他经营活动有关的现金	0102	流出
08	收回投资所收到的现金	0201	流入
09	取得投资收益所收到的现金	0201	流入
10	处置固定资产、无形资产和其他长期资产所收回的现金净额	0201	流入
11	收到的其他与投资活动有关的现金	0201	流入
12	购建固定资产、无形资产和其他长期资产所支付的现金	0202	流出
13	投资所支付的现金	0202	流出
14	支付的其他与投资活动有关的现金	0202	流出
15	吸收投资所收到的现金	0301	流入
16	借款所收到的现金	0301	流入
17	收到的其他与筹资活动有关的现金	0301	流入
18	偿还债务所支付的现金	0302	流出
19	分配股利、利润或偿还利息所支付的现金	0302	流出
20	支付的其他与筹资活动有关的现金	0302	流出
21	汇率变动对现金的影响	0401	流入
22	现金及现金等价物净增加额	0501	流入

4. 初始余额录入

在开始使用总账系统时，为保证数据和业务核算的连续性，需要先将经过整理的各个会计科目的期初余额录入系统。输入期初数据一般包括输入基本科目期初数据和输入辅助账期初数据。为确保输入数据的正确，必须进行试算平衡，必要时还应根据实际情况调整余额方向。

（1）录入基本科目余额

录入没有辅助核算科目的余额时，只要求录入最末级科目的余额和累计发生数，上级科目的余额和累计发生数由系统自动计算。如果某科目为数量核算，可以录入期初数量。请依据本书第三章账户期初余额数据直接录入基本科目余额。

（2）录入辅助账期初数据

在录入期初余额时，若某科目涉及辅助核算，则系统会自动为该科目开设辅助账页。相应地，在输入这些科目的期初余额时，不能直接输入，应调出其所属的辅助核算账，输入辅助账的期初明细。输完后，系统自动将辅助账的期初数之和记为该科目的总账期初余额。辅助账期初余额包括：客户往来账余额，供应商往来账余额，部门账余额，项目账余额。辅助账可参照第三章给出的明细账余额数据输入。

在用友系统中，直接双击有辅助核算账的科目，即可打开辅助账输入界面。

凡在科目属性中确定有辅助账核算的科目，都应通过录入辅助账期初数据完成科目余额录入，实验中这些科目有：应收账款、应付账款、预收账款、预付账款、应收票据、应付票据、固定资产、累计折旧、材料采购、原材料、包装物、低值易耗品、材料成本差异、自制半成品、库存商品、委托代销商品、分期收款发出商品、专用材料等。

注意：

【往来期初】输入客户往来账余额、供应商往来账余额时，输入的是期初尚未核销的往来账项的金额。实验中，可将第三章给出的每个明细账余额作为一笔往来账输入。

【方向】输入时调整好余额方向，如“坏账准备”、“累计折旧”等科目的余额方向与同类科目性质相反。如果借贷方向不能改变，余额可用“-”表示。

【余额试算】期初余额及辅助账输入后，为保证初始数据的正确性，应依据“有借必有贷，借贷必相等”的原则进行各科目间余额的试算平衡。经系统平衡试算后，如果借贷方余额不平衡时系统给出提示，应依次逐项进行检查、更正后，再次进行试算平衡，直至平衡为止。

【对账】由于初次使用时对系统不太熟悉，可能在进行期初设置时形成一些不经意的修改，导致总账与辅助总账、总账与明细账核对有误。大多数软件提供对期初余额进行对账的功能，可以及时做到账账核对，并可尽快修正错误的账务数据。

实验指导（三）

建账和总账基础设置完成后，即可开始日常核算。实验中完成 2014 年 1 月份的业务核算。

1. 凭证输入

凭证输入相当于手工方式下的填制凭证，按照业务发生的先后次序，分析经济业务内容，完成记账凭证内容的输入。记账凭证是形成账簿和报表的基础数据。

若凭证中的科目为银行科目，多数软件在这里会要求输入“结算方式”、“票号”及“发生日期”等相关信息。这些信息对出纳管理票据和银行对账有用。

如科目设置了辅助核算属性，则需输入辅助信息，如部门、个人、项目、客户、供应商、数量等。录入的辅助信息将在凭证下方的备注中显示。

录入科目的借方或贷方发生额时，借贷方金额不能同时为零，但可以是红字，红字金额以负数形式输入。

若凭证中的科目被指定为现金流量科目，那么在录完本条分录后，要求指定这条分录的现金流量项目，可将一条分录指定为多个现金流量项目，但总金额必须与分录的金额保持一致。

根据第六章的模拟业务及相关凭证，由具有凭证输入权限的用户顺序完成记账凭证的输入。

注意：

（1）按业务顺序输入，注意凭证日期。

（2）完整地输入凭证信息，特别是辅助账信息，如客户、供应商、部门、项目等。

（3）期末调整分录大部分可用期末转账生成凭证。

2. 凭证审核

审核凭证是由具有审核权限的操作员按照会计制度的规定，对制单人填制的记账凭证进行合法性审查的工作。经过审核后的记账凭证才能作为正式凭证记账。审核凭证应由具有审核权限的用户来实施，并且用户不能审核自己输入的记账凭证。

在用友总账系统中，审核凭证工作可设置为出纳签字、主管签字和审核员审核凭证三个环节。

出纳签字：为加强对涉及企业现金收入与支出的出纳凭证的管理，系统可设置由出纳人员通过“出纳签字”功能对制单员填制的带有现金银行科目的凭证进行检查核对，主要核对出纳凭证的出纳科目的金额是否正确。审查后认为错误或有异议的凭证，应交与填制人员修改后再核对。企业可根据实际需要决定是否要对出纳凭证进行出纳签字管理，若不需要此功能，可在“选项”中取消“出纳凭证必须经由出纳签字”的设置。

主管签字：在许多企业中为加强对会计人员制单的管理，常采用经主管会计签字后的凭证才有效的管理模式。系统提供“主管签字”的核算方式，即其他会计人员制作的凭证必须经主管签字才能记账。企业可根据实际需要决定是否要对出纳凭证进行主管签字管理，若需要此功能，可在“选项”中选择“凭证必须经主管签字”。

审核凭证：审核凭证是审核员按照财会制度，对制单员填制的记账凭证进行检查核对，主要审核记账凭证是否与原始凭证相符，会计分录是否正确等、审查认为错误或有异议的凭证，应交与填制人员修改后，再审核。只有有审核权的人才具有“审核凭证”功能。

3. 记账

记账凭证经审核签字后，即可用来登记总账和明细账、日记账、部门账、往来账、项目账以及备查账等。记账一般采用向导方式，系统指示记账过程，步骤比较清晰明确。记账是形成账簿数据的前提，每个期间可多次记账，只有经过审核的凭证才能记账。实验中可按业务日期的一定间隔记账，比如每10天记账一次。

注意：

（1）期末调整前的凭证应先记账。

（2）有错误的凭证不能记账。

（3）应通过查询凭证功能及时了解凭证的状态（未审核状态、已审核状态、已记账状态）。

4. 期末转账

对大部分期末调整业务可考虑通过“自动转账”生成凭证，如结转销售成本、损益、材料成本差异、预提、分摊等。平时一些有规律的业务，如计提折旧也可通过自动转账。

自动转账通过三个环节实现，首先设置自动转账分录，然后生成转账凭证，最后审核记账。设置自动转账分录的过程是将凭证的摘要、会计科目、借贷方向以及金额计算方法存储起来的过程。第一次使用总账系统，应先设置自动转账分录。设置好转账分录后，以后各期只需通过“转账生成”功能调用自动转账分录，即可快速生成转账凭证。当期末转账业务的内容有变化时，应先在“转账定义”中修改自动转账分录，然后再生成转账凭证。生成的记账凭证记账后才真正完成转账。

实验中可有选择地使用期末转账功能。

用友总账系统中提供了多种转账定义或设置，有自定义转账设置、对应转账设置、销售成本结转设置、期间损益结转设置等。

（1）自定义转账设置

企业可通过“自定义转账”设置符合自己核算需要的自动转账分录。设置转账分录时，单击系统主菜单“期末”下的“转账定义”，再选择其下级菜单中的“自定义转账”，屏幕显示自动转账设置窗。单击【增加】按钮，可定义一张转账凭证，屏幕弹出凭证主要信息录入窗口。输入以上各项后，单击【确定】，开始定义转账凭证分录信息，如凭证摘要、会计科目、借贷方向、公式等。

自定义转账功能可以完成的转账业务主要有：

“费用分配”的结转，如：工资分配等。

“费用分摊”的结转，如：制造费用等。

“税金计算”的结转，如：增值税等。

“提取各项费用”的结转，如：提取福利费等。

“部门核算”的结转。

“项目核算”的结转。

“个人核算”的结转。

“客户核算”的结转。

“供应商核算”的结转。

【例】利用账务数据计算城建税。分录为：

借：主营业务税金及附加——城建税　　　　　　　　（540202）

　　贷：应交税费——城建税　　　　　　　　　　　　　（217107）

定义操作转账凭证过程如表 5.16 所示。

表 5.16　转账凭证操作过程

摘要	科目	方向	金额公式
计提城建税	540202	借	JE（217101，月）*0.07①
计提城建税	217107	贷	JG（）②

① 使用净发生额函数按应交增值税的净发生额计提城建税。

② 将计算城建税的结果转入“应交税费——城建税”科目中。

在定义公式时可使用系统提供的众多取数函数，可根据需要选用。

（2）销售成本结转设置

销售成本结转是将月末商品（或产成品）销售数量乘以库存商品（或产成品）的平均单价计算各类商品销售成本并进行结转。

选择系统主菜单“期末”下的“转账定义”，再选择其下级“销售成本结转设置”，屏幕显示销售成本设置窗。在设置窗口要求输入三个科目，可输入总账科目或明细科目，但要求这三个科目具有相同结构的明细科目，即要求库存商品科目和主营业务收入科目下的所有明细科目必须都有数量核算，且这三个科目的下级必须一一对应，输入完成后，系统自动计算出所有商品的销售成本。其中：

数量＝主营业务收入科目下某商品的贷方数量

单价＝库存商品科目下某商品的月末金额÷月末数量

金额＝数量×单价

如主营业务收入没有设置为数量核算，又不使用该功能结转销售成本，手工输入销售成本结转凭证。

（3）对应结转设置

对应结转就是两个科目进行一一对应结转。对应结转可进行两个科目一对一结转，也提供科目的一对多结转功能。对应结转的科目可为上级科目，但其下级科目的科目结构必须一致（相同明细科目），如有辅助核算，则两个科目的辅助账类也必须一一对应。对应结转只结转期末余额，如果想转发生额，可到自定义结转中设置。

选择系统主菜单“期末”下的“转账定义”，再选取“对应结转”，进入对应结转设置窗口，单击【增加】按钮，输入对应转账编号、转出科目等基本信息。单击【增行】按钮，输入转入科目信息。单击【保存】按钮，保存对应结转设置。

（4）期间损益结转设置

期间损益结转用于在一个会计期间终了将损益类科目的余额结转到本年利润科目中，从而及时反映企业利润的盈亏情况。主要是对于管理费用、销售费用、财务费用、营业收入、营业外收支等科目的结转。

选择系统主菜单“期末”下的“转账定义”，再选择“期间损益结转设置”，屏幕显示期间损益设置窗。表格上方的本年利润科目是本年利润的入账科目，可按【F2】参照录入。如果本年利润科目又分为多个下级科目，则可在下面表格中录入，并与相应的损益科目对应。

损益科目结转表中将列出所有的损益科目。如果希望某损益科目参与期间损益的结转，则应在该科目所在行的本年利润科目栏填写相应的本年利润科目，若不填本年利润科目，则将不转此损益科目的余额。

若损益科目结转表的每一行中的损益科目与本年利润科目都有辅助核算，则辅助账类必须相同。损益科目结转表中的本年利润科目必须为末级科目，且为本年利润入账科目的下级科目。

（5）生成机制转账凭证

在完成期末转账设置后，每期期末只需执行“转账生成”功能即可快速生成机制转账凭证，生成的转账凭证将自动追加到未记账的凭证中去。单击系统主菜单“期末”下的“转账生成”，选择要进行的转账工作（如：自定义转账、对应结转等）、要进行结转的月份和要结转的凭证。选择完毕后，按【确定】按钮，屏幕显示将要生成的转账凭证。按【首页】【上页】【下页】【末页】可翻页查看将要生成的转账凭证。若凭证类别、制单日期和附单据数与实际情况略有出入，可直接在当前凭证上进行修改。当确定系统显示的凭证是你希望生成的转账凭证时，按【保存】按钮将当前凭证追加到未记账凭证中。

由于转账是按照已记账凭证的数据进行计算的，所以在进行月末转账工作之前，应先将所有未记账凭证记账，否则，生成的转账凭证数据可能有误。如果使用了应收、应付系统，那么总账系统中不能按客户、供应商进行结转。

5．对账

对账是对账簿数据进行核对，以检查记账是否正确，以及账簿是否平衡。一般说来，只要记账凭证录入正确，计算机自动记账后各种账簿都应是正确、平衡的。但由于非法操作或计算机病毒或其他原因有时可能会造成某些数据被破坏，因而引起账账不符，为了保证账证相符、账账相符，用户应经常使用本功能进行对账，至少一个月一次，一般可在月末结账前进行。实验中结账前对账一次即可。

在用友总账系统中，单击系统主菜单“期末”下的“对账”，显示待对账界面。选择要对账的会计期间和对账内容，选择总账与哪些辅助账进行核对。确定后，单击【对账】按钮，系统开始自动对账。在对账过程中，按【对账】按钮可停止对账。若对账结果为账账相符，则对账月份的对账结果处显示“正确”；若对账结果为账账不符，则对账月份的对账结果处显示“错误”，按【错误】可查看引起账账不符的原因。按【试算】按钮，可以对各科目类别余额进行试算平衡，显示试算平衡表。

6．银行对账

银行对账是货币资金管理的主要内容，是企业出纳员的最基本工作之一。企业的结算业务大部分要通过银行进行，但由于企业与银行的账务处理和入账时间不一致，往往会发生双方账面不一致的情况，即出现所谓未达账项。为了能够准确掌握银行存款的实际余额，了解实际可以动用货币资金数额，防止记账发生差错，企业必须定期将银行存款日记账与银行出具的对账单进行核对，并编制银行存款余额调节表。银行对账的基本步骤如下。

（1）录入银行对账期初数据

在使用银行对账功能之前，为确保银行对账的准确性，应首先将银行日记账和银行对账单的未达账项录入总账系统中。系统提供的“银行对账期初录入”功能是用于第一次使用银行对账模块前录入日记账及对账单未达账项，在开始使用银行对账之后一般不再使用。实验中的银行对账期初数据参照前面章节给出的数据，期初没有未达账，只需输入期初银行对账单和银行日记账余额，二者相等。

（2）录入银行对账单

在每次银行对账前，必须将银行提供的银行对账单输入系统。“银行对账单”功能用于平时录入、查询和引入银行对账单。实验中录入银行对账单，数据以表 5.17 银行对账单为准，对账单信息输入要完整。

表 5.17 中国工商银行对账单

部门： 币种：人民币 第 页

账号：11-8888-1688 单位名称：丰达市讯达通讯设备股份有限责任公司

2014年		摘要	对方户名	凭证种类	凭证号码	发生额		余额
日期						借方	贷方	
1	1	上年结转						3 456 148.00
	1	租金	建华通讯器材公司	支票			140 400.00	3 596 548.00
	2	转让长安债券		支票			61 800.00	3 658 348.00
	5	取得归还短期借款		支票			912 000.00	4 570 348.00
	5	货款	上海易购股份公司	支票			304 200.00	4 874 548.00
	6	交纳各种税费		税票		77 536.84		4 797 011.16
	6	广告摊位费	绿叶广告公司	支票		8 480.00		4 788 531.16
	7	付款	丰达市通讯器材公司	支票		994 500.00		3 794 031.16
	8	备用金		支票		1 000.00		3 793 031.16
	8	付款	丰达市集成模板股份公司	支票		1 426 887.50		2 366 143.66
	9	承兑汇票到期	丰达市燕莎商场	汇票			46 800.00	2 412 943.66
	9	支付欠款	石家庄有机塑料公司	电汇		240 600.00		2 172 343.66
	10	发放工资		支票		346 531.06		1 825 812.60
	12	预交增值税		税票		29 740.00		1 796 072.60
	13	转让国库券	华锋集团	支票			128 600.00	1 924 672.60
	14	付款	重庆市同德化工厂	电汇		19 305.00		1 905 367.60
	14	包装费	丰达市包装印刷有限公司	支票		11 700.00		1 893 667.60
	15	展览费		支票		3 180.00		1 890 487.60
	16	清理费		支票		2 500.00		1 887 987.60
	16	残值收入		支票			18 000.00	1 905 987.60
	16	货款	丰达市燕莎商场	支票			304 200.00	2 210 187.60
	21	货款	成都华联商场	电汇			117 000.00	2 327 187.60
	21	付款	丰达市大型机械设备公司	电汇		236 000.00		2 091 187.60
	22	承兑汇票贴现	成都华联商场	汇票			2 825 901.00	4 917 088.60
	27	电话费		支票		2 800.00		4 914 288.60
	27	水电费		支票		74 095.00		4 840 193.60
	30	还借款		支票		4 063 000.00		777 193.60
	30	收到销售货款	丰达市燕莎商场	支票			2 070 900.00	2 848 093.60
	30	还购料货款	石家庄有机塑料公司	支票		142 788.00		2 705 305.60

用友总账系统中，单击【出纳】菜单下【银行对账】中的【银行对账单】，系统要求指定账户（银行科目）、月份范围，确定后，显示指定范围内的银行对账单列表。按【增加】按钮，在对账单列表最后一行增加一空行后，手工录入或参照日历输入银行对账单日期、结算方式、票号和借、贷方金额等信息，系统自动计算余额，并按对账单日期顺序显示。点击【引入】按钮可从指定文件中引入银行对账单数据。

（3）银行对账

银行对账采用自动对账与手工对账相结合的方式。自动对账是计算机根据对账依据自动进行核对、勾销，对于已核对上的银行业务，系统将自动在银行存款日记账和银行对账单双方写上两清标志，并视为已达账项，对于在两清栏未写上两清符号的记录，系统则视其为未达账项。手工对账是对自动对账的补充，自动对账后，可能还有一些特殊的已达账没有对出来，而被视为未达账项，为了保证对账更彻底正确，可用手工对账来进行调整。

实验中全部手工对账，注意对账前确保当期对账单和银行日记账记录完整。

用友总账系统中，单击【对账】按钮，显示对账界面。输入对账截止日期、选择对账条件，点击【确定】按钮，系统开始按照设定的对账条件对账，自动对账两清的记录标记“○”，且已两清的记录背景色为绿色。如要手工对账，应在单位日记账中选择要进行勾对的记录，然后单击【对照】按钮，系统将在银行对账单区显示票号或金额和方向同单位日记账中当前记录相似的银行对账单，可参照进行勾对。再次单击【对照】按钮则为取消对照。如果对账单中有记录同当前日记账相对应却未勾对上，则在当前单位日记账的【两清】区双击鼠标左键，将当前单位日记账标上两清标记——“Y”，同样的，双击银行对账单中对应的对账单的两清区，标上两清标记。如果在对账单中有两笔以上记录同日记账对应，则所有对应的对账单都应标上两清标记。

（4）输出余额调节表

对账后，系统自动整理汇总未达账和已达账，生成银行存款余额调节表。可调用“余额调节表查询”功能查询打印银行存款余额调节表，以检查对账是否正确。实验中应打印输出余额调节表。

（5）查询对账情况

通过系统提供的查询已达账功能，可查询对账情况，用于查询单位日记账及银行对账单的对账结果。了解全部未达账或已达账情况。

（6）核销银行账

用于银行对账的银行日记账数据和银行对账单数据是会计核算和财务管理的辅助数据。正确对账后，已达账项数据已无保留价值，因此，通过上述对账的结果和对账明细情况的查询，确信对账准确后，可通过“核销银行账”功能删除用于对账的银行日记账已达账项和银行对账单已达账项，以清理计算机系统的硬盘空间。但是，在确信银行对账正确前，不要核销已达账项，否则，若对账不正确，将造成以后对账的错误。核销不影响银行日记账的查询和打印。实验中可不核销。

7. 结账

结账实际上就是计算和结转各账簿的本期发生额和期末余额，并终止本期的账务处理工作。计算机结账工作比手工结账简单，结账是一种成批数据处理，每月只结账一次，主要是对当月日常处理的限制和对下月账簿的初始化，将由系统自动完成。结账后，不能再输入该月的凭证，终止本月各账户的记账工作，计算本月各账户发生额合计和本月各账户期末余额并将余额结转下月月初。

实验中结账月份为2014年1月份。结账前后一定要进行账套数据备份。

在用友总账系统中，单击系统主菜单“期末”下的“结账”进入结账画面，屏幕显示结账向导一——选择结账月份。选择结账月份后单击【下一步】，屏幕显示结账向导二——核对账簿。按【对账】按钮，系统对要结账的月份进行账账核对，在对账过程中，可按【停止】按钮中止对账，对账完成后，单击【下一步】，屏幕显示结账向导三——月度工作报告。若需打印，则单击【打印月度工作报告】即可打印。查看工作报告后，单击【下一步】，屏幕显示结账向导四——完成结账。按【结账】按钮，若符合结账要求，系统将进行结账，否则不予结账。结账时需注意以下几点。

1）上月未结账，则本月不能结账。

2）上月未结账，则本月不能记账，但可以填制、复核凭证。

3）本月还有未记账凭证时，则本月不能结账。

4）已结账月份不能再填制凭证。

5）结账只能由有结账权的人进行。

6）若总账与明细账对账不符，则不能结账。

8. 账簿输出

实验中可根据系统的账簿输出功能，打印输出总账、明细账、辅助账。没有打印条件的可输出为 Excel 文件保存，以备考核实验结果。

注意：在结账后再进行账簿输出，这时的账簿数据最完整。

实验指导（四）

在完成总账的处理后，可根据总账核算的结果编制会计报表。会计报表的编制一般是通过财务软件中的报表系统来完成，报表系统既可编制对外报表，又可编制各种内部报表。它的主要任务是设计报表的格式和编制公式，从总账系统或其他业务系统中取得有关会计信息自动编制各种会计报表，并具有对报表进行审核、汇总、生成各种分析图、按预定格式输出等功能。

用友 UFO 报表管理系统具有文件管理功能、格式管理功能、数据处理功能、图表功能、打印功能等。文件管理的作用是对报表文件的创建、读取、保存和备份进行管理；格式管理主要完成对不同对象、不同要求的报表进行格式定义以及对表中数据的运算关系进行公式定义；报表数据处理提供数据录入与采集，报表数据计算，数据处理分析，报表汇总等功能；图表管理的功能是将数据表以图形的形式进行表示；报表输出则是对已编制完成的报表，显示或打印输出，供使用者使用。

实验中要求编制资产负债表、利润表和现金流量表。

1. 资产负债表

（1）新建报表并套用模板

在报表系统新建一张报表，系统显示一张空白表。在空白表中通过划线、添加文字形成资产负债表的基本格式，这叫做报表格式设计。实验中为节约时间，可通过调用新会计制度下的资产负债表模板，直接在当前报表中形成资产负债表格式。

用友 UFO 报表系统中提供了 19 个行业的 70 多张标准财务报表(包括现金流量表)，用户可以根据所在行业挑选相应的报表，套用其格式及计算公式。用户也可以将自定义的报表设置成模板，以方便使用。

（2）定义报表计算公式

计算公式是生成报表单元中数据的表达式，一般由函数、运算符以及有关提示信息所组成。函数是公式的重要组成部分，它用来定义取数的来源。企业常用的财务报表数据一般是来自于总账系统或报表系统本身。大部分软件中，在报表数值单元中键入“＝”就可直接定义计算公式。对于需要从报表本身或其他模块（如总账、工资等）中取数，以及一些小计、合计、汇总等数据的单元，都可以利用计算公式进行取数。

如果引入了报表模板，则计算公式也被一并引入。部分公式可自行定义，利用系统的公式向导很容易完成公式定义。实验中编制资产负债表的数据来自总账系统和本表，因此，定义资产负债表公式时比较常用的函数是总账系统取数函数。

用友 UFO 报表系统中从总账取数的主要函数有：总账期初余额函数 QC（），总账期末余额函数 QM（），总账发生额函数 FS（），总账累计发生额函数 LFS（），总账条件发生额函数 TFS（），总账对方科目发生额函数：DFS（），总账净额函数 JE（）等。

（3）定义关键字

一般来说，报表的编制单位和日期可定义为关键字。在生成报表之前重新录入关键字，生成的报表上会显示录入的编制单位和日期信息。这样处理使报表的灵活性增强，一套报表定义好后可在不同的期间、不同的单位使用。

实验中资产负债表的关键字共有如下四个。

编制单位：丰达市讯达通讯设备股份有限责任公司。

年：2014。

月：1。

日：31。

（4）生成报表

生成报表是计算报表数据的过程，一般计算很快。因此，只要定义好报表格式，可以随时生成报表。报表生成后可以保存成报表文件。

（5）输出报表

实验中将生成的资产负债表打印出来，没有打印条件的可输出为报表文件保存（最好是 Excel 格式）。

2. 利润表

利润表的编制同资产负债表的编制过程基本一致，也可通过模板快速形成利润表格式和公式。报表数据可全部取自总账，因此公式中的函数主要是总账系统取数函数。

实验中关键字设置如下。

编制单位：丰达市讯达通讯设备股份有限责任公司。

年：2014。

月：1。

实验中将生成的利润表打印出来，没有打印条件的可输出为报表文件保存（最好是 Excel 格式）。

3. 现金流量表

现金流量表分为主表和附表，通过报表系统准确编制附表有一些困难。如果不使用专门的现金流量表编制软件，在报表系统中编制现金流量表须在总账系统已录入现金流量信息的基础上进行，即在总账系统中录入凭证时已分类录入了现金流入、流出金额的辅助信息。

现金流量表的编制同利润表的编制过程基本一致，也可通过模板快速形成利润表格式和公式。报表数据可全部取自现金流量账（或总账的现金流量项目），因此公式中的函数应选择现金流量取数函数。建议实验中编制出现金流量表主表即可。

实验中关键字设置如下。

编制单位：丰达市讯达通讯设备股份有限责任公司。

年：2014。

实验中将生成的现金流量表打印出来，没有打印条件的可输出为报表文件保存（最好是 Excel 格式）。

第五节　各类备查簿参考格式

一、现金支票使用登记簿

序号	支票号码	收款人	款项用途	结算金额	签发日期	经办人签名	备注

二、转账支票使用登记簿

序号	支票号码	收款人	款项用途	结算金额	签发日期	经办人签名	备注

三、材料采购登记簿

序号	材料名称	材料数量	供货单位	采购日期	验收日期	验收数量	经办人

四、长期借款备查簿

序号	借款日期	贷款金融机构	本金	期限	还款日期	年利率	付息方式	借款合同号	经办人

五、短期借款备查簿

序号	借款日期	贷款金融机构	本金	期限	还款日期	年利率	付息方式	借款合同号	经办人

六、固定资产处置备查簿

序号	固定资产名称	生产制造单位	出厂编号	原价	数量	已提折旧	净值	处置原因	处置净损益	经办人

七、无形资产处置备查簿

序号	无形资产名称	原值	摊余价值	转让的权属	转让期限	受让单位名称	交易日期	经办人

八、应付票据备查簿

序号	票据名称	出票日	到期日	面值	票面 利率	受票 单位	交 易 合同号	承兑日	经办人

九、应收票据备查簿

序号	票据名称	出票日	到期日	面值	票面利率	出票单位	承兑单位	交易合同号	承兑日	经办人

十、有价证券备查簿

序号	证券名称	取得日期	来源	期限	出票日	到期日	票面利率	买价				处置日期	处置数量	接受单位	经办人
								面值	应计利息	折价	溢价				

十一、长期股权投资备查簿

序号	投资对象	投资日期	投资期限	持股比例	投资成本	股权投资差额	处置日期	处置数量	经办人

第六章 模拟业务及相关凭证和报表

第一节 日常经济业务相关凭证

业务 1　附原始凭证 3 张，见凭证 1-1/3、凭证 1-2/3、凭证 1-3/3。

原始凭证 1-1/3

设备租赁合同书

合同号：No.140101

承租方（甲方）：丰达市建华通讯器材公司

出租方（乙方）：丰达市讯达通讯设备股份有限责任公司

依据《中华人民共和国合同法》有关条款，甲乙双方经过充分协商，就甲方租赁乙方相关设备等事宜达成如下协议：

一、甲方租赁乙方相关设备，设备清单如下。

设备名称	设备价值	数量	租金单价
A 设备	200 000.00	1	60 000 元/年
B 设备	240 000.00	1	60 000 元/年

二、起租时间：2014 年 1 月 1 日，　退租时间：2014 年 12 月 31 日。

租金合计(人民币大写)：壹拾贰万元整。

三、付款方式：全年租金于合同签订日一次付清。

四、甲方在租赁期间，享有所租赁设备的使用权。

五、甲方对所租赁设备应保持完好，租赁期满及时归还。

六、乙方享有所租赁设备的所有权，有权按合同约定的时间收回设备；乙方有义务按合同要求的服务履行义务。

七、违约处理：

1．如果甲方在租赁期限未满时退租，租金不退。

2．因自然折旧造成的设备硬件故障由乙方负责维修，因甲方人为原因如私自拆卸，带电插拔，超频使用，机械损伤，进水，电压不稳等造成的设备硬件故障，乙方有权按损坏部件的市场价格要求甲方赔偿或者要求甲方更换全新的相同规格型号的部件。

八、未尽事宜，双方友好协商解决。如协商未果，可向当地法院提请诉讼。

九、本合同一式贰份，甲方持正本壹份，乙方持正本壹份，双方签章后生效。

甲方(签章)：丰达市建华通讯器材公司　　乙方(盖章)：丰达市讯达通讯设备股份有限责任公司

经办人(签字)：候丽君　　经办人(签字)：张兴瑞

签约时间：2014年1月1日　　签约时间：2014年1月1日

原始凭证 1-2/3

河北省增值税专用发票

记 账 联

1300061424　　No 3163067

校验码：28602960303873896415　　开票日期：2014年01月11日

购货单位	名 称：丰达市建华通讯器公司 纳税人识别号：456900347532681 地址、电话：85674326 开户行及账号：工商银行长安办事处 11-7256-8723	密码区	>50+/4-6275831/049<1 加密版本：01 88302352+00>*4248/+8< 1300061524 372027+43*3/>732<7-02 3163166 4-5/89-3/55*+1-21>65-

货物或应税劳务名称	规格型号	单位	数量	单价	金额	税率	税额
出租A设备					60 000	17%	10 200
出租A设备					60 000	17%	10200
合计					120 000		20 400
价税合计（大写）	⊗ 壹拾肆万肆佰元整			（小写）¥：140 400			

销货单位	名称：丰达市讯达通讯设备股份有限责任公司 纳税人识别号：854585459898888 地址、电话：丰达市启明大道168号 开户行及账号：工商银行丰达支行 11-8888-1688	备注	丰达市讯达通讯设备股份有限责任公司 854585459898888 发票专用章

收款人：赵勇　　复核：张金智　　开票人：李江　　销货单位：（章）

第三联 记账联 销货方作销售的记账凭证

原始凭证 1-3/3

中国工商银行进账单（收账通知） 3

2014 年 1 月 1 日

出票人	全称	丰达市建华通讯器材公司	收款人	全称	丰达市讯达通讯设备股份有限公司
	账号	11-7256-8723		账号	11-8888-1688
	开户银行	工商银行长安办事处		开户行	工商银行丰达支行

金额	人民币（大写）	壹拾肆万零肆佰元整	亿	千	百	十	万	千	百	十	元	角	分
					¥	1	4	0	4	0	0	0	0

票据种类	转账	票据张数	1 张
票据号码			
复核 记账			开户银行签章

工商银行河北省分行丰达支行 2014年1月1日 转讫

此联是开户行交给收款人的收账通知

业务 2 附原始凭证 2 张，见凭证 2-1/2、凭证 2-2/2

原始凭证 2-1/2

中国工商银行 进账单（收账通知） 3

2014 年 1 月 1 日

出票人	全称	国泰君安丰达市证券营业部	收款人	全称	丰达市讯达通讯设备股份有限公司
	账号	11-7256-8326		账号	11-8888-1681
	开户银行	工行长安办		开户银行	工商银行丰达支行

金额	人民币（大写）陆万壹仟捌佰元整	亿	千	百	十	万	千	百	十	元	角	分
					¥	6	1	8	0	0	0	0

票据种类	转账	票据张数	1 张
票据号码			
复核 记账			开户银行签章

工商银行河北省分行丰达支行 2014年1月1日 转讫

此联是交给收款人的收账通知

原始凭证 2-2/2

丰达市迅达通讯设备股份有限责任公司 有价证券处置通知单

2014 年 1 月 1 日

有价证券	处置日期	处置方式	处置数量	证券保管人	主管领导签字	法人代表签字
短期债券投资	2014 年 1 月 1 日	转让	600 张	张亮	李保华	秦 贺

业务 3 附原始凭证 2 张，见凭证 3-1/2、凭证 3-2/2。

原始凭证 3-1/2

债券发行承销协议

合同号：No.140102

委托方(甲方)：丰达市讯达通讯设备股份有限责任公司

承销方(乙方)：国泰君安丰达市证券营业部

依据《中华人民共和国证券法》有关条款，甲乙双方经过充分协商,就甲方委托乙方在 2014 年 1 月 1 日代为发行 5 年期，面值 100 元，年利率为 5.7%，到期一次还本付息的企业债券 10000 张，发行价格 102.4 元。发行相关事宜达成如下协议：

一、甲方应于债券发行前向承销人提供证券发行说明书，并于招投标结束后发布发行公告；

二、甲方应在发债说明书中公告每次债券发行的发债条件和发债方式；

三、甲方应在发债说明书中公布最近三年的主要财务数据；

四、甲方应按年披露其财务状况及其他有关债券兑付的重要信息。

五、发行承销费和发行手续费共计 6000.00 元，乙方扣除发行承销费和发行手续费后将筹集资金转入甲方在建设银行的账户。

六、甲方发行债券所筹集的资金全部用于新办公楼建设项目，该项目将于 2014 年底完工。甲方每半年支付一次利息费用。

七、未尽事宜，双方友好协商解决。如协商未果,可向当地法院提请诉讼，依法解决。

八、本合同一式贰份，甲方持正本壹份,乙方持正本壹份，双方签章后生效。

甲方(签章)：丰达市讯达通讯设备股份有限责任公司

经办人(签字)：方杰

签约时间：2013 年 12 月 1 日

乙方(签章)：国泰君安丰达市证券营业部

经办人(签字)：张立朋

签约时间：2013 年 12 月 1 日

原始凭证 3-2/2

中国建设银行进账单（收账通知）　3

2014 年 1 月 4 日

出票人	全　称	国泰君安丰达市证券营业部	收款人	全　称	丰达市讯达通讯设备股份有限公司
	账　号	11-7256-8326		账　号	11-8888-1681
	开户银行	工商银行长安办事处		开户行	建设银行丰达支行

金额	人民币（大写）壹佰零壹万贰仟元整	亿	千	百	十	万	千	百	十	元	角	分
			¥	1	0	1	8	0	0	0	0	0

票据种类	转账	票据张数	1 张	建设银行河北省分行丰达支行 2014年1月4日 转讫
票据号码				
复核　记账				开户银行签章

此联是交给收款人的收账通知

业务 4　附原始凭证 1 张，见凭证 4-1/1。

原始凭证 4-1/1

中国工商银行　借款凭证

2014 年 1 月 4 日　　第 0154980 号

借款人	丰达市讯达通讯设备股份有限责任公司	贷款账号	56-2341-3566	存款账号	11-8888-1688

贷款金额	人民币（大写）玖拾壹万贰仟元整	千	百	十	万	千	百	十	元	角	分
			¥	9	1	2	0	0	0	0	0

用途	生产周转借款	期限	约定还款日期		2014 年 7 月 4 日
		6 个月	贷款利率	5.494%（年）	借款合同号码 20140101

上列贷款已转入借款人指定的账户　　工商银行河北省分行丰达支行 2014年1月4日 转讫

银行盖章　　复核：马力　　记账：牛艳艳

第五联　回单

业务 5　附原始凭证 1 张，见凭证 5-1/1。

原始凭证 5-1/1

中国工商银行进账单（收账通知）　3

2014 年 1 月 4 日

出票人	全称	上海易购股份有限公司	收款人	全称	丰达市讯达通讯设备股份有限公司
	账号	51-3256-158		账号	11-8888-1681
	开户银行	上海工行启明办		开户银行	工商银行丰达支行

金额	人民币（大写）	叁拾万零肆仟贰佰元整	亿	千	百	十	万	千	百	十	元	角	分
					¥	3	0	4	2	0		0	0

票据种类	电汇	票据张数	1 张
票据号码			
复核	记账		开户银行签章

工商银行河北省分行丰达支行 2014年1月4日 转讫

此联是交给收款人的收账通知

业务 6　附原始凭证 1 张，见凭证 6-1/1。

原始凭证 6-1/1

河北省丰达市商业销售发票

发票联

（2014）

客户名称：丰达市讯达通讯设备股份有限责任公司　　2014 年 1 月 4 日　　冀国字 No 20140490

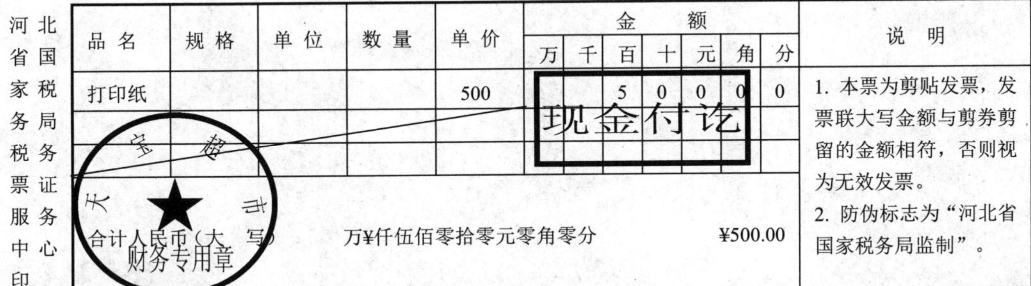

河北省国家税务局税务票证服务中心印

品名	规格	单位	数量	单价	万	千	百	十	元	角	分	说明
打印纸				500			5	0	0	0	0	1. 本票为剪贴发票，发票联大写金额与剪券剪留的金额相符，否则视为无效发票。2. 防伪标志为“河北省国家税务局监制”。
合计人民币（大写）	万¥仟伍佰零拾零元零角零分				¥500.00							

天宝超市 财务专用章　现金付讫

第二联　发票联

开票单位（章）　　开票：刘力

业务 7　附原始凭证 1 张，见凭证 7-1/1。

原始凭证 7-1/1

丰达市税务局印花税票报销专用凭证　　No 148332

购货单位：丰达市讯达通讯设备股份有限责任公司　　2014 年 1 月 4 日

印花税票面值	单位	数量	十	万	千	百	十	元	角	分	备注
壹角	枚										
贰角	枚										
伍角	枚										
壹元	枚										
贰元	枚										
伍元	枚	20				1	0	0	0	0	
壹拾元	枚	10				1	0	0	0	0	
伍拾元	枚										
壹佰元	枚										
合计人民币（大写）贰佰元整					¥	2	0	0	0	0	

丰达市工商税务管理局与化分局 财务专用章　现金付讫

第一联　收据联

经办单位：丰达市工商税务管理局与化分局　　经办人：张涛

业务 8 附原始凭证 3 张，见凭证 8-1/3、凭证 8-2/3、凭证 8-3/3。

原始凭证 8-1/3

特许经营合同

合同号：No.140103

甲方：丰达市讯达通讯设备股份有限责任公司

乙方：丰达市通讯器材公司

甲乙双方本着互惠互利，共同发展的良好愿望,经过友好协商，依据 2013 年 12 月 31 日颁布的《商业特许经营管理办法》和《中华人民共和国合同法》及相关法律、法规，就甲方向乙方转让 XD-0506 话机生产工艺的特许权（使用期为 2014.1.4～2016.1.4）的事宜，达成如下协议：

一、乙方经甲方特许授权使用 XD-0506 话机生产工艺，甲方不负责提供日后的维修维护及人员培训。

二、各种上缴款项的费用及支付方式：

1．自本合同签订之日起，乙方一次性向甲方支付特许权使用费人民币伍万元，特许权使用费的支付是本合同生效的前提条件,该费用不予退还。

2．经协商乙方须在本合同签订后向甲方开出一张为期六个月的无息商业承兑汇票。

……

十、其他须在特许合同中考虑的因素：

1．本合同自双方签字或盖章之日起生效，有效期为两年。

2．本合同一式两份,双方各执一份,具有同等的法律效力。

……

甲方：丰达市讯达通讯设备股份有限责任公司　乙方：丰达市通讯器材公司

法定代表人：秦贺　法定代表人：方正舟

2014 年 1 月 4 日　2014 年 1 月 4 日

原始凭证 8-2/3

商业承兑汇票（卡片） 1

出票日期(大写) 贰零壹肆年零壹月零肆日 汇票号码 No 0003619

<table>
<tr><td rowspan="3">付款人</td><td>全称</td><td>丰达市通讯器材公司</td><td rowspan="3">收款人</td><td>全称</td><td colspan="11">丰达市讯达通讯设备股份有限责任公司</td></tr>
<tr><td>账号</td><td>47-4938-997</td><td>账号</td><td colspan="11">11-8888-1688</td></tr>
<tr><td>开户银行</td><td>工商行富强办</td><td>开户银行</td><td colspan="11">工行丰达支行</td></tr>
<tr><td colspan="2" rowspan="2">出票金额</td><td colspan="3" rowspan="2">人民币(大写) 伍万叁仟元整</td><td>亿</td><td>千</td><td>百</td><td>十</td><td>万</td><td>千</td><td>百</td><td>十</td><td>元</td><td>角</td><td>分</td></tr>
<tr><td></td><td></td><td></td><td>¥</td><td>5</td><td>3</td><td>0</td><td>0</td><td>0</td><td>0</td><td>0</td></tr>
<tr><td colspan="2">汇票到期日(大写)</td><td>贰零壹肆年零柒月零肆日</td><td rowspan="2">付款人开户行</td><td>行号</td><td colspan="11">0470</td></tr>
<tr><td colspan="2">交易合同号码</td><td>019</td><td>地址</td><td colspan="11">丰达市启明大道 168 号</td></tr>
<tr><td colspan="3">出票人签章（丰达市迅达通讯设备股份有限责任公司 财务专用章）</td><td colspan="2">备注：
本汇票请你单位承兑，并及时将承兑汇票寄交我单位。
此致
承兑人（秦贺印）
负责人： 经办：</td><td colspan="11">工商银行河北省分行丰达支行 2014年1月4日 转讫</td></tr>
</table>

此联承兑人留存

原始凭证 8-3/3

河北省增值税专用发票

记账联（全国统一发票监制章 国家税务总局监制）

1300061524 No 3163067

校验码：28602960303873892405 开票日期：2014 年 01 月 4 日

<table>
<tr><td>购货单位</td><td colspan="4">名　　称：丰达市通讯器材公司
纳税人识别号：47775849302234
地址、 电话：0311-66982513
开户行及账号：丰达市通讯器材公司
账号：47-4938-997</td><td>密码区</td><td colspan="3">>50+/4-62750831/049<1 加密版本：01
88302352+00>*4248/+8< 1300061524
372027+43*3/>732<7-02 3163162
4-5/89-3/55*+1-21>65-</td></tr>
<tr><td>货物或应税劳务名称</td><td>规格型号</td><td>单位</td><td>数量</td><td>单价</td><td colspan="2">金额</td><td>税率</td><td>税额</td></tr>
<tr><td>转让生产工艺特许权</td><td></td><td></td><td></td><td></td><td colspan="2">50000</td><td>6%</td><td>3000</td></tr>
<tr><td>合计</td><td></td><td></td><td></td><td></td><td colspan="2">50000</td><td></td><td>3000</td></tr>
<tr><td>价税合计（大写）</td><td colspan="8">⊗ 伍万叁仟元整　　（小写）¥：53000.00</td></tr>
<tr><td>销货单位</td><td colspan="5">名称：丰达市讯达通讯设备股份有限责任公司
纳税人识别号：854585459898888
地址、电话：丰达市启明大道 168 号
开户行及账号：工商银行丰达支行 11-8888-1688</td><td>备注</td><td colspan="2">丰达市通讯设备股份有限责任公司 854585459898888 发票专用章</td></tr>
</table>

收款人：赵勇　　复核：张金智　　开票人：李江　　销货单位：（章）

第三联 记账联 销货方作销售的记账凭证

业务 9　附原始凭证 5 张，见凭证 9-1/5、凭证 9-2/5、凭证 9-3/5、凭证 9-4/5、凭证 9-5/5。

原始凭证 9-1/5

中华人民共和国
税收通用缴款书　地

隶属关系：　市属企业　　　　(20141) 冀地缴电：　　　　No 457123

注册类型：　国有股份　　　　填发日期：2014 年 1 月 5 日　　　　征收机关：丰达市地方税务局

无银行收讫章无效	缴款单位（人）	代码	854585069892329		预算科目	编码	030400	第一联（收据）缴款单位（人）作完税凭证
		全称	丰达市讯达通讯设备股份有限责任公司			名称	营业税	
		开户银行	工商银行丰达支行			级次	地方级	
		账号	11-8888-1688		收款国库		丰达支库	
	税款所属时期		2013 年 12 月 1～31 日		税款限缴日期		2014 年 1 月 10 日	
	品目名称	课税数量	计税金额或销售收入	税率或单位税额	已缴或扣除额		实缴金额	
	营业税		6000.00	0.05			300.00	
	金额合计	（大写）⊗叁佰元整			¥300.00			
	缴款单位（人）（盖章）经办人（章）	税务机关（盖章）填票人（章）		上列款项已收妥并划转收款单位账户　国库（银行）盖章　年　月　日			备注	

国库（银行）收款盖章后退缴

逾期不缴按税法规定加收滞纳金

原始凭证 9-2/5

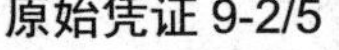

中华人民共和国
税收通用缴款书　国

隶属关系：　丰达市国资委　　　　(20141) 冀国缴电：　　　　No 0511758

注册类型：　股份有限公司　　　　填发日期：2014 年 1 月 5 日　　　　征收机关：丰达市国家税务局

缴款单位（人）	代码	854585069892329		预算科目	编码	010103	第一联（收据）退缴款单位（人）作完税凭证
	全称	丰达市讯达通讯设备股份有限责任公司			名称	股份制企业增值税	
	开户银行	工商银行丰达支行			级次	中央级	
	账号	11-8888-1688		收款国库		长安区支库	
税款所属时期		2013 年 12 月 1～31 日		税款限缴日期		2014 年 1 月 10 日	
品目名称	课税数量	计税金额或销售收入	税率或单位税额	已缴或扣除额		实缴金额	
产品加工制造		1430000.00	0.17	192208.29		50891.71	
金额合计	（大写）⊗伍万零捌佰玖拾壹元柒角壹分			¥50891.71			
缴款单位（人）（盖章）经办人（章）	税务机关（盖章）填票人（章）		上列款项已收妥并划转收款单位账户　国库（银行）盖章　年　月　日			备注	

国库（银行）收款盖章后

逾期不缴按税法规定加收滞纳金

原始凭证 9-3/5

中华人民共和国
税收通用缴款书　地

隶属关系：市属企业　　　　（20141）冀地缴电：　No　456849

注册类型：股份有限公司　　填发日期：2014 年 1 月 5 日　　征收机关：丰达市地方税务局

缴款单位（人）			预算科目		
	代　码	854585069892329		编　码	10060
	全　称	丰达市讯达通讯设备股份有限责任公司		名　称	城市维护建设税
	开户银行	工商银行丰达支行		级　次	地方级
	账　号	11-8888-1688	收款国库		丰达支库

税款所属时期	2013 年 12 月 1~31 日	税款限缴日期	2014 年 1 月 10 日		
品目名称	课税数量	计税金额或销售收入	税率或单位税额	已缴或扣除额	实缴金额
增值税		50891.71	0.07		3562.42
营业税		300.00	0.07		21.00
金额合计	（大写）⊗叁仟伍佰捌拾叁元肆角贰分				¥3583.42
缴款单位（人）（盖章）经办人（章）	税务机关（盖章）填票人（章）	上列款项已收妥并划转收款单位账户 工商银行河北省分行丰达支行 2014年1月5日 转讫 国库（银行）盖章　年　月　日		备注	

第一联（收据）国库（银行）收款盖章后退缴款单位（人）作完税凭证

逾期不缴按税法规定加收滞纳金

原始凭证 9-4/5

中华人民共和国
税收通用缴款书　地

隶属关系 市属企业　　　　（20141）冀地缴电：　No　456743

注册类型 股份有限公司　　填发日期：2014 年 1 月 5 日　　征收机关：丰达市地方税务局

缴款单位（人）			预算科目		
	代　码	854585069892329		编　码	700300
	全　称	丰达市讯达通讯设备股份有限责任公司		名　称	教育费分附加
	开户银行	工商银行丰达支行		级　次	地方级
	账　号	11-8888-1688	收款国库		丰达支库

税款所属时期	2013 年 12 月 1~31 日	税款限缴日期	2014 年 1 月 10 日		
品目名称	课税数量	计税金额或销售收入	税率或单位税额	已缴或扣除额	实缴金额
增值税		50891.71	0.03		1526.75
营业税		300.00	0.03		9.00
金额合计	（大写）⊗壹仟伍佰叁拾伍元柒角伍分				¥1535.75
缴款单位（人）（盖章）经办人（章）	税务机关（盖章）填票人（章）	上列款项已收妥并划转收款单位账户 工商银行河北省分行丰达支行 2014年1月5日 转讫 国库（银行）盖章　年　月　日		备注	

第一联（收据）国库（银行）收款盖章后退缴款单位（人）作完税凭证

逾期不缴按税法规定加收滞纳金

原始凭证 9-5/5

中华人民共和国
税收通用缴款书

隶属关系：丰达市国资委 （20141）冀国缴电： № 0511843

注册类型：股份有限公司 填发日期：2014 年 1 月 5 日 征收机关：丰达市国家税务局

缴款单位（人）	代码	854585069892329	预算科目	编码	048304
	全称	丰达市讯达通讯设备股份有限责任公司		名称	企业所得税
	开户银行	工商银行丰达支行		级次	中央级
	账号	11-8888-1688	收款国库		长安区支库

税款所属时期	2013 年 12 月 1-31 日		税款限缴日期	2014 年 1 月 10 日	
品目名称	课税数量	计税金额或销售收入	税率或单位税额	已缴或扣除额	实缴金额
话机制造		153418	0.25	17128.54	21225.96
金额合计	（大写）⊗ 贰万壹仟贰佰贰拾伍元玖角陆分				¥21225.96
缴款单位（人）（盖章）经办人（章）	税务机关（盖章）填票人（章）	上列款项已收妥并划转收款单位账户 国库（银行）盖章 年 月 日		备注	

逾期不缴按税法规定加收滞纳金

第一联（收据） 国库（银行）收款盖章后退缴款单位（人）作完税凭证

业务 10 附原始凭证 3 张，见凭证 10-1/3、凭证 10-2/3、凭证 10-3/3。

原始凭证 10-1/3

重庆市增值税专用发票

抵扣联

1300061523 № 3491237

校验码：28602960303873892413 开票日期：2014 年 01 月 05 日

购货单位	名称：丰达市讯达通讯设备股份有限责任公司 纳税人识别号：854585459898888 地址、电话：丰达市启明大道 168 号 开户行及账号：工商银行丰达支行 11-8888-1688	密码区	>50+/4-62750831/049<1 加密版本：01 99302112+00>*4248/+8< 1300061523 372027+43*3/>732<7-02 2342671 4-5/89-3/55*+1-21>44

货物或应税劳务名称	规格型号	单位	数量	单价	金额	税率	税额
0506 型添加剂		千克	1300	5	6500	17%	1105
0508 型添加剂		千克	2800	5	14000	17%	2380
合计					6000	17%	23985
价税合计（大写）	⊗ 贰万叁仟玖佰捌拾伍元整				（小写）¥：23985		

销货单位	名称：重庆市同德化工厂 纳税人识别号：657878982816888 地址、电话：023-65865566 开户行及账号：重庆市工行街口办 21-8425-331	备注	重庆市同德化工厂 657878982816888 发票专用章

收款人：李永胜 复核： 张智 开票人：王玉 销货单位：（章）

第一联 抵扣联 购货方作扣税凭证

原始凭证 10-2/3

重庆市增值税专用发票

发票联

1300061523　　　　　　　　　　　　　　　　　　No 3491237

校验码：28602960303873892413　　　　　　　　开票日期：2014 年 01 月 05 日

购货单位	名　称：丰达市讯达通讯设备股份有限责任公司 纳税人识别号：854585459898888 地址、电话：丰达市启明大道 168 号 开户行及账号：工商银行丰达支行 11-8888-1688	密码区	>50+/4-62750831/049<1　加密版本：01 99302112+00>*4248/+8<　1300061523 372027+43*3/>732<7-02　2342671 4-5/89-3/55*+1-21>44

货物或应税劳务名称	规格型号	单位	数量	单价	金额	税率	税额
0506 型添加剂		千克	1300	5	6500	17%	1105
0508 型添加剂		千克	2800	5	14000	17%	2380
合计					20500	17%	23985
价税合计（大写）	⊗ 贰万叁仟玖佰捌拾伍元整				（小写）¥：23985		

销货单位	名称：重庆市同德化工厂 纳税人识别号：657878982816888 地址、电话：023-65865566 开户行及账号：重庆市工行街口办　21-8425-331	备注	重庆市同德化工厂 657878982816888 发票专用章

收款人：李永胜　　复核：张智　　开票人：王玉　　销货单位：（章）

第二联 发票联 购货方作记账凭证

原始凭证 10-3/3

商业承兑汇票（卡片）　1

出票日期(大写)　贰零壹肆年零壹月零伍日　　　　汇票号码 No 0003978

付款人	全　称	丰达市讯达通讯设备股份有限责任公司	收款人	全　称	重庆市同德化工厂
	账　号	11-8888-1688		账　号	21-8425-331
	开户银行	工行丰达支行		开户银行	重庆市工行街口办

出票金额	人民币 (大写) 贰万叁仟玖佰捌拾伍元整	亿	千	百	十	万	千	百	十	元	角	分
					¥	2	3	9	8	5	0	0

汇票到期日(大写)	贰零壹肆年零肆月零伍日	付款人开户行	行号	0470
交易合同号码	0020		地址	丰达市启明大道 168 号
丰达市讯达通讯设备股份有限责任公司 财务专用章 出票人签章		备注： 本汇票请你单位承兑，并及时将承兑汇票寄交我单位。 此致 承兑人 负责人：　经办： 秦贺印		工商银行河北省分行丰达支行 2014年1月5日 转讫

此联承兑人留存

业务 11 附原始凭证 3 张，见凭证 11-1/3、凭证 11-2/3、凭证 11-3/3。

原始凭证 11-1/3

河北省增值税专用发票

全国统一发票监制章 国家税务总局监制 抵扣联

1300061523 No 3491006

校验码：28602960303873892413 开票日期：2014 年 01 月 05 日

购货单位	名称：丰达市讯达通讯设备股份有限责任公司 纳税人识别号：854585459898888 地址、电话：丰达市启明大道 168 号 开户行及账号：工商银行丰达支行 11-8888-1688			密码区	>50+/4-62750831/049<1 加密版本：01 99302112+00>*4248/+8< 1300061523 372027+43*3/>732<7-02 2342671 4-5/89-3/55*+1-21>44		
货物或应税劳务名称	规格型号	单位	数量	单价	金额	税率	税额
0506 型塑料		千克	10000	8.2	82000	17%	13940
0508 型塑料		千克	10000	9.8	98000	17%	16660
合计					180000	17%	30600
价税合计（大写）	⊗ 贰拾壹万零陆佰元整				（小写）¥：210600		
销货单位	名称：石家庄有机塑料股份有限公司 纳税人识别号：507685763423453 地址、电话：0311-87878788 开户行及账号：石家庄市工行桥东办 75-2401-113			备注	石家庄有机塑料股份有限公司 507685763423453 发票专用章		

收款人：张一凡 复核：赵平 开票人：李玉明 销货单位：（章）

第一联 抵扣联 购货方作扣税凭证

原始凭证 11-2/3

河北省增值税专用发票

全国统一发票监制章 国家税务总局监制 发票联

1300061523 No 3491006

校验码：28602960303873892413 开票日期：2014 年 01 月 05 日

购货单位	名称：丰达市讯达通讯设备股份有限责任公司 纳税人识别号：854585459898888 地址、电话：丰达市启明大道 168 号 开户行及账号：工商银行丰达支行 11-8888-1688			密码区	>50+/4-62750831/049<1 加密版本：01 99302112+00>*4248/+8< 1300061523 372027+43*3/>732<7-02 2342671 4-5/89-3/55*+1-21>44		
货物或应税劳务名称	规格型号	单位	数量	单价	金额	税率	税额
0506 型塑料		千克	10000	8.2	82000	17%	13940
0508 型塑料		千克	10000	9.8	98000	17%	16660
合计					180000	17%	30600
价税合计（大写）	⊗ 贰拾壹万零陆佰元整				（小写）¥：210600		
销货单位	名称：石家庄有机塑料股份有限公司 纳税人识别号：507685763423453 地址、电话：0311-87878788 开户行及账号：石家庄市工行桥东办 75-2401-113			备注	石家庄有机塑料股份有限公司 507685763423453 发票专用章		

收款人：张一凡 复核：赵平 开票人：李玉明 销货单位：（章）

第二联 发票联 购货方作记账凭证

原始凭证 11-3/3

丰达市讯达通讯设备股份有限责任公司 原材料入库单

仓库名称：原材料仓库　　2014 年 1 月 6 日　　No：20140101

名称	材质	规格	计量单位	数量		计划单价	计划成本	运杂费	实际成本	材料成本差异
				凭证	实收					
0506 型塑料	B		千克	1	10000	8.00				
0508 型塑料	A		千克	1	10000	10.00				
合　计										

第二联 记账联

仓库主管：杨勇　　记账：李芳　　验收人：秦佳　　采购人：张忠祥

业务 12　附原始凭证 3 张，见凭证 12-1/3、凭证 12-2/3、凭证 12-3/3。

原始凭证 12-1/3

中国工商银行

转账支票存根（冀）

BK 02 2834531

附加信息

出票日期　2014 年 1 月 6 日

收款人：丰达市绿叶广告公司
金　额：¥8480.00
用　途：支付广告费

单位主管 方杰　会计

原始凭证 12-2/3

河北省增值税专用发票

抵 扣 联

1300061523　　No 3491026

校验码：28602960303843892413　　开票日期：2014年01月06日

购货单位	名称：丰达市讯达通讯设备股份有限责任公司 纳税人识别号：854585459898888 地址、 电话：丰达市启明大道168号 开户行及账号：工商银行丰达支行 11-8888-1688	密码区	>50+/4-62750831/049<1　加密版本：01 99302112+00>*4248/+8<　1300061523 372027+43*3/>732<7-02　2342671 4-5/89-3/55*+1-21>44

货物或应税劳务名称	规格型号	单位	数量	单价	金额	税率	税额
广告摊位费					8000	6%	480
合计					8000	6%	480
价税合计（大写）	⊗捌仟肆佰捌拾元整				（小写）¥：8480.00		

销货单位	名称：丰达市绿叶广告公司 纳税人识别号：408685763423456 地址、电话：0311-85674726 开户行及账号：石家庄市工行桥东办　65-2431-112	备注	丰达市绿叶广告公司 408685763423456 发票专用章

第一联　抵扣联　购货方作扣税凭证

原始凭证 12-3/3

河北省增值税专用发票

发 票 联

1300061523　　No 3491026

校验码：28602960303843892413　　开票日期：2014年01月06日

购货单位	名称：丰达市讯达通讯设备股份有限责任公司 纳税人识别号：854585459898888 地址、 电话：丰达市启明大道168号 开户行及账号：工商银行丰达支行 11-8888-1688	密码区	>50+/4-62750831/049<1　加密版本：01 99302112+00>*4248/+8<　1300061523 372027+43*3/>732<7-02　2342671 4-5/89-3/55*+1-21>44

货物或应税劳务名称	规格型号	单位	数量	单价	金额	税率	税额
广告摊位费					8000	6%	480
合计					8000	6%	480
价税合计（大写）	⊗捌仟肆佰捌拾元整				（小写）¥：8480.00		

销货单位	名称：丰达市绿叶广告公司 纳税人识别号：408685763423456 地址、电话：0311-85674726 开户行及账号：石家庄市工行桥东办　65-2431-112	备注	丰达市绿叶广告公司 408685763423456 发票专用章

第二联　发票联　购货方作记账凭证

业务 13　附原始凭证 1 张，见凭证 13-1/1。

原始凭证 13-1/1

丰达市讯达通讯设备股份有限责任公司　原材料入库单

仓库名称：原材料仓库　　2014 年 1 月 6 日　　No：20140102

名称	材质	规格	计量单位	数量		计划单价	计划成本	运杂费	实际成本	材料成本差异
				凭证	实收					
0506 型添加剂	A		千克	1	1300	5.00				
0508 型添加剂	A		千克	1	2800	5.00				
合　计										

第二联　记账联

仓库主管：杨勇　　记账：李芳　　验收人：秦佳　　采购人：张忠祥

业务 14　附原始凭证 1 张，见凭证 14-1/1。

原始凭证 14-1/1

沈阳市中级人民法院终结破产程序公告

沈字第：140104

本院根据 2013 年 9 月 15 日债务人沈阳五交化股份有限公司的申请，已于 2013 年 12 月 20 日作出裁定，宣告该公司破产还债。经清算组清算，该公司的破产财产尚不足以支付破产费用。本院依法于 2014 年 1 月 5 日裁定终结该公司破产还债程序，未得到清偿的债权不再清偿。

沈阳市中级人民法院

2014 年 1 月 5 日

（印章：沈阳市中级人民法院 民事审判庭）

业务 15　附原始凭证 2 张，见凭证 15-1/2、凭证 15-2/2。

原始凭证 15-1/2

河北省增值税专用发票

记　账　联

1300061524　　No 3163166

校验码：28602960303873892415　　开票日期：2014 年 01 月 06 日

购货单位	名　　称：上海易购股份有限公司 纳税人识别号：669867589403345 地址、电话：58200518 开户行及账号：上海工行启明路办 51-3256-158			密码区	>50+/4-62750831/049<1　加密版本：01 88302352+00>*4248/+8<　1300061524 372027+43*3/>732<7-02　3163166 4-5/89-3/55*+1-21>65-			
货物或应税劳务名称	规格型号	单位	数量	单价	金额	税率	税额	
XD-0506 电话机		部	1000	120	120000	17%	20400	
XD-0508 电话机		部	2000	160	320000	17%	54400	
合计					440000		514800	
价税合计（大写）	⊗ 伍拾壹万肆仟捌佰元整				（小写）¥：514800			
销货单位	名称：丰达市讯达通讯设备股份有限责任公司 纳税人识别号：854585459898888 地址、电话：0311-87878778 开户行及账号：工商银行丰达支行 11-8888-1688			备注				

第三联　记账联　销货方作销售的记账凭证

收款人：赵勇　　复核：张金智　　开票人：李江　　销货单位：（章）

（印章：丰达市迅达通讯设备股份有限责任公司 854585459898888 发票专用章）

原始凭证 15-2/2

丰达市讯达通讯设备股份有限责任公司 产成品出库单

购货单位：上海易购股份有限公司　　编号：20140101

业务员：方建国　　2014 年 1 月 6 日　　仓库：产成品仓库

类别	编号	名称及规格	计量单位	数量		单位定额成本	定额总成本
				请购	实发		
主要产品		XD-0506 电话机	部	1000	1000		
主要产品		XD-0508 电话机	部	2000	2000		
合　计							

第二联 记账联

仓库主管：杨勇　　记账：李芳　　发货人：李大军　　经办人：李硕

业务 16　附原始凭证 3 张，见凭证 16-1/3，凭证 16-2/3，凭证 16-3/3。

原始凭证 16-1/3

河北省增值税专用发票

抵扣联

全国统一发票监制章 国家税务总局监制

1300061523　　№ 649008

校验码：28602960303873892413　　开票日期：2014 年 01 月 06 日

购货单位	名称：丰达市讯达通讯设备股份有限责任公司 纳税人识别号：854585459898888 地址、电话：丰达市启明大道 168 号 开户行及账号：工商银行丰达支行 11-8888-1688	密码区	>50+/4-62750831/049<1 99302112+00>*4248/+8< 372027+43*3/>732<7-02 4-5/89-3/55*+1-21>44	加密版本：01 1300061523 2342671

货物或应税劳务名称	规格型号	单位	数量	单价	金额	税率	税额
0506 显示屏		个	10	10	250000	17%	42500
0508 显示屏		个	12	12	300000	17%	51000
送话器、受话器		个	6	6	300000	17%	51000
合计					850000		1445000
价税合计（大写）	⊗ 玖拾玖万肆仟伍佰元整				（小写）¥：994500		

销货单位	名称：丰达市讯达器材公司 纳税人识别号：477755849302234 地址、电话：0311-66982513 开户行及账号：丰达市工行富强办　47-4938-997	备注	丰达市通讯器材公司 477755849302234 发票专用章

第一联 抵扣联 购货方作扣税凭证

收款人：黄建华　　复核：宋春　　开票人：李秋方　　销货单位：（章）

原始凭证 16-2/3

河北省增值税专用发票

发 票 联

国家税务总局监制

1300061523　　　　　　　　　　　　　　　　　　No 649008

校验码：28602960303873892413　　　　　　　　开票日期：2014 年 01 月 06 日

购货单位	名　称：丰达市讯达通讯设备股份有限责任公司 纳税人识别号：854585459898888 地址、电话：丰达市启明大道 168 号 开户行及账号：工商银行丰达支行 11-8888-1688	密码区	>50+/4-62750831/049<1　加密版本：01 99302112+00>*4248/+8<　1300061523 372027+43*3/>732<7-02　2342671 4-5/89-3/55*+1-21>44

货物或应税劳务名称	规格型号	单位	数量	单价	金额	税率	税额
0506 显示屏		个	10	10	250000	17%	42500
0508 显示屏		个	12	12	300000	17%	51000
送话器、受话器		个	6	6	300000	17%	51000
合计					850000		1445000
价税合计（大写）	⊗ 玖拾玖万肆仟伍佰元整				（小写）¥：994500		

销货单位	名称：丰达市讯达器材公司 纳税人识别号：477755849302234 地址、电话：0311-66982513 开户行及账号：丰达市工行富强办　47-4938-997	备注	丰达市通讯器材公司 477755849302234 发票专用章

收款人：黄建华　　复核：宋春　　开票人：李秋方　　销货单位：（章）

第二联 发票联 购货方作记账凭证

原始凭证 16-3/3

中国工商银行

现金支票存根（冀）

$\frac{B\ K}{0\ 2}$ 4619306

附加信息

出票日期　2014 年　1 月　6 日

收款人：丰达市讯达通讯设备股份有限公司
金　额：¥1000.00
用　途：备用金

单位主管 方杰　　　会计

业务 17 附原始凭证 2 张，见凭证 17-1/2、凭证 17-2/2。

原始凭证 17-1/2

丰达市迅达通讯设备股份有限责任公司原材料出库单

领料单位：一车间　　　　编号：20140101

用　途：HXD-0506 话机　　2014 年 1 月 6 日　　仓库：原材料仓库

类别	编号	名称及规格	计量单位	数量		计划单价	计划总成本
				请领	实领		
主要材料		0506 型塑料	千克	6500	6500	8.00	
		0506 型添加剂	千克	1200	1200	5.00	
合　计							

第二联　记账联

仓库主管：杨勇　　记账：李芳　　发料人：刘小三　　领料人：李海虹

原始凭证 17-2/2

丰达市迅达通讯设备股份有限责任公司 原材料出库单

领料单位：一车间　　　　编号：20140102

用　途：HXD-0508 话机　　2014 年 1 月 6 日　　仓库：原材料仓库

类别	编号	名称及规格	计量单位	数量		计划单价	计划总成本
				请领	实领		
主要材料		0508 型塑料	千克	9000	9000	10.00	
		0508 型添加剂	千克	3000	3000	5.00	
合　计							

第二联　记账联

仓库主管：杨勇　　记账：李芳　　发料人：刘小三　　领料人：李海虹

业务 18 附原始凭证 1 张，见凭证 18-1/1。

原始凭证 18-1/1

中国工商银行

现金支票存根（冀）

BK

02　4619306

附加信息

出票日期　2014 年 1 月 6 日

收款人：丰达市讯达通讯设备股份有限公司

金　额：¥1000.00

用　途：备用金

单位主管 方杰　　会计

业务 19　附原始凭证 3 张，见凭证 19-1/3、凭证 19-2/3、凭证 19-3/3。

原始凭证 19-1/3

河北省增值税专用发票

抵 扣 联

1300061523　　　　　　　　　　　　　　No3691913

校验码：28602960303873892413　　　　开票日期：2014 年 01 月 07 日

购货单位	名称：丰达市讯达通讯设备股份有限责任公司 纳税人识别号：854585459898888 地址、电话：丰达市启明大道 168 号 开户行及账号：工商银行丰达支行 11-8888-1688	密码区	>50+/4-62750831/049<1 99302112+00>*4248/+8< 372027+43*3/>732<7-02 4-5/89-3/55*+1-21>44	加密版本：01 1300061523 2342671

货物或应税劳务名称	规格型号	单位	数量	单价	金额	税率	税额
0506 话机主板		个	25000	20.10	502500	17%	85425
0508 话机主板		个	25000	30.05	751250	17%	127712.50
合计					1253750		213137.5
价税合计（大写）	⊗ 壹佰肆拾陆万陆仟捌佰捌拾柒元伍角				（小写）¥：1466887.5		

销货单位	名称：丰达市集成模板股份有限公司 纳税人识别号：757777686868688 地址、电话：0311-76869520 开户行及账号：丰达市工行青园办　65-2233-115	备注	丰达市集成模版股份有限公司 757777686868688 发票专用章

收款人：张志强　　复核：刘文意　　开票人：李丽　　销货单位：（章）

第一联　抵扣联　购货方作扣税凭证

原始凭证 19-2/3

河北省增值税专用发票

发 票 联

1300061523　　　　　　　　　　　　　　No3691913

校验码：28602960303873892413　　　　开票日期：2014 年 01 月 07 日

购货单位	名　称：丰达市讯达通讯设备股份有限责任公司 纳税人识别号：854585459898888 地址、　电话：丰达市启明大道 168 号 开户行及账号：工商银行丰达支行 11-8888-1688	密码区	>50+/4-62750831/049<1 99302112+00>*4248/+8< 372027+43*3/>732<7-02 4-5/89-3/55*+1-21>44	加密版本：01 1300061523 2342671

货物或应税劳务名称	规格型号	单位	数量	单价	金额	税率	税额
0506 话机主板		个	25000	20.10	502500	17%	85425
0508 话机主板		个	25000	30.05	751250	17%	127712.50
合计					1253750		213137.5
价税合计（大写）	⊗ 壹佰肆拾陆万陆仟捌佰捌拾柒元伍角				（小写）¥：1466887.5		

销货单位	名称：丰达市集成模板股份有限公司 纳税人识别号：757777686868688 地址、电话：0311-76869520 开户行及账号：丰达市工行青园办　65-2233-115	备注	丰达市集成模版股份有限公司 757777686868688 发票专用章

收款人：张志强　　复核：刘文意　　开票人：李丽　　销货单位：（章）

第二联　发票联　购货方作记账凭证

原始凭证 19-3/3

中国工商银行
转账支票存根（冀）
$\frac{BK}{02}$ 2834533

附加信息

出票日期 2014 年 1 月 7 日

收款人：丰达市集成模板股份有限公司
金 额：¥1426887.5
用 途：公司购买材料

单位主管 方杰 会计

业务 20 附原始凭证 1 张，见凭证 20-1/1。

原始凭证 20-1/1

丰达市迅达通讯设备股份有限责任公司 借 款 单

2014 年 1 月 8 日 第 2014001 号

借款单位	采购科		金额							
人民币（大写）： 拾 ¥万叁仟零佰零拾零元零角零分			十	万	千	百	十	元	角	分
				¥	3	0	0	0	0	0
借款事由：出差			现金付讫							
财务负责人	借款单位负责人						借款人			
同意。方杰 2014.1.8	同意。王维力 2014.1.8						王军			

业务 21 附原始凭证 1 张，见凭证 21-1/1。

原始凭证 21-1/1

丰达市迅达通讯设备股份有限责任公司 半成品入库单

仓库名称：半成品仓库 2014 年 1 月 8 日 №：20140101

名 称	材质	规格	计量单位	数量		单位定额成本	定额总成本	送验单位
				送验	实收			
HXD-0506			件	12000	12000			一车间
HXD-0508			件	15000	15000			
合 计								

第二联 记账联

仓库主管：杨勇 记账：李芳 验收人：秦佳 送验人：牛建民

业务 22　附原始凭证 2 张，见凭证 22-1/2、凭证 22-2/2。

原始凭证 22-1/2

丰达市迅达通讯设备股份有限责任公司原材料入库单

仓库名称：原材料仓库　　2014 年 1 月 8 日　　No：20140103

名 称	材质	规格	计量单位	数量		计划单价	计划成本	运杂费	实际成本	材料成本差异
				凭证	实收					
0506 型话机显示屏			个	1	25000	10.00				
0508 型话机显示屏			个	1	25000	12.00				
送话器、受话器			个	1	50000	6.00				
合 计										

第二联 记账联

仓库主管：杨勇　　记账：李芳　　验收人：秦佳　　送验人：牛建民

原始凭证 22-2/2

丰达市服务业统一发票

服务（甲）字

客户名称：丰达市迅达通讯设备股份有限责任公司　2014 年 1 月 8 日　　No 1483451

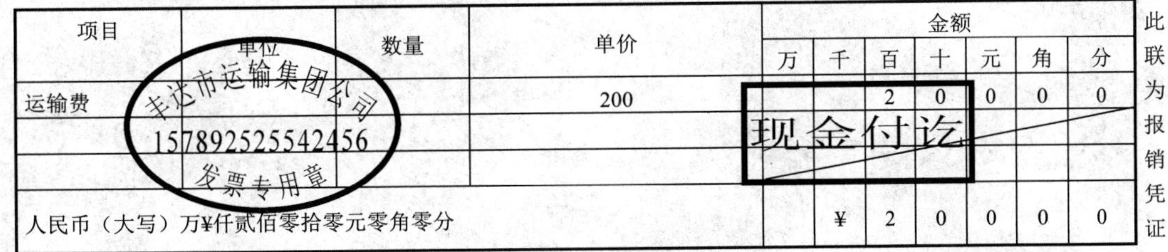

项目	单位	数量	单价	金额 万	千	百	十	元	角	分
运输费			200			2	0	0	0	0
人民币（大写）万¥仟贰佰零拾零元零角零分					¥	2	0	0	0	0

此联为报销凭证

单位名称（盖章）　　填票人：刘小花　　收款人：张蕾

业务 23　附原始凭证 2 张，见凭证 23-1/2、凭证 23-2/2。

原始凭证 23-1/2

丰达市迅达通讯设备股份有限责任公司原材料入库单

仓库名称：原材料仓库　　2014 年 1 月 8 日　　No：20140104

名 称	材质	规格	计量单位	数量		计划单价	计划成本	运杂费	实际成本	材料成本差异
				凭证	实收					
0506 型话机主板			个	1	25000	20.00				
0508 型话机主板			个	1	25000	30.00				
合 计										

第二联 记账联

仓库主管：杨勇　　记账：李芳　　验收人：秦佳　　采购人：张忠祥

原始凭证 23-2/2

丰达市服务业统一发票

服务（甲）字

客户名称：丰达市迅达通讯设备股份有限责任公司　　2014 年 1 月 8 日　　No 0984451

项目	单位	数量	单价	万	千	百	十	元	角	分
运输费			100			1	0	0	0	0
人民币（大写）万¥仟壹佰零拾零元零角零分					¥	1	0	0	0	0

此联为报销凭证

丰达市运输集团公司 157892525542456 发票专用章

现金付讫

单位名称（盖章）　　填票人：李俊　　收款人：刘海涛

业务 24　附原始凭证 2 张，见凭证 24-1/2、凭证 24-2/2。

原始凭证 24-1/2

托收凭证（付款通知）

付款期限　年　月　日

委托日期 2014 年 1 月 9 日

业务类型	委托收款（☑ 邮划、☐电划）　托收承付（☐ 邮划、☐电划）				
付款人 全称	丰达市燕莎商场		收款人 全称	丰达市讯达通讯设备股份有限责任公司	
付款人 账号	50-3838-121		收款人 账号	11-8888-1688	
付款人 地址	省丰达市/县	开户行 丰达市工行平安办	收款人 地址	省丰达市	开户行 工行丰达支行

金额	百	十	万	千	百	十	元	角	分
人民币（大写）肆万陆仟捌佰元整		¥	4	6	8	0	0	0	0

款项内容	商业汇票	托收凭据名称		附寄单证张数	1
商品发运情况		合同名称号码			

备注： 票据面值 46800.00 元 付款人开户银行收到日期 年　月　日 复核　　记账	付款人开户银行签章 年　月　日	付款人注意： 1. 根据支付结算方法，上列委托收款（托收承付）款项在付款期限内未提出拒付，即视为同意付款通知。 2. 如需提出全部或部分拒付，应在规定期限内，将拒付理由书并附债务证明退交开户银行。

工商银行河北省分行丰达支行 2014年1月9日 转讫

此联为付款人开户银行给付款人按期付款通知

原始凭证 24-2/2

丰达市讯达通讯设备股份有限责任公司 有价证券处置通知单

2014 年 1 月 9 日　　No. 20140102

有价证券	处置日期	处置方式	票据金额	证券保管人	主管领导签字	法人代表签字
商业承兑汇票-燕莎商场	2014 年 1 月 9 日	到期收回	46800.00	张亮	李保华	秦贺

业务 25　附原始凭证 3 张，见凭证 25-1/3、凭证 25-2/3、凭证 25-3/3。

原始凭证 25-1/3

丰达市迅达通讯设备股份有限责任公司 原材料出库单

领料单位：二车间　　编号：20140103

用途：XD-0506 话机　　2014 年 1 月 9 日　　仓库：原材料仓库

类别	编号	名称及规格	计量单位	数量		计划单价	计划总成本
				请领	实领		
主要材料		HXD-0506 半成品	件	13000	13000	9.00	
		HXD-0506 话机主板	件	13000	13000	20.00	
		HXD-0506 话机显示屏	件	13000	13000	10.00	
合计							

第二联 记账联

仓库主管：杨勇　　记账：李芳　　发料人：刘小三　　领料人：朱建民

原始凭证 25-2/3

丰达市迅达通讯设备股份有限责任公司 原材料出库单

领料单位：二车间　　编号：20140104

用途：XD-0508 话机　　2014 年 1 月 9 日　　仓库：原材料仓库

类别	编号	名称及规格	计量单位	数量		计划单价	计划总成本
				请领	实领		
主要材料		HXD-0508 半成品	件	13000	15000	12.50	
		HXD-0508 话机主板	件	13000	15000	30.00	
		HXD-0508 话机显示屏	件	13000	15000	12.00	
合计							

第二联 记账联

仓库主管：杨勇　　记账：李芳　　发料人：刘小三　　领料人：朱建民

原始凭证 25-3/3

丰达市迅达通讯设备股份有限责任公司 原材料出库单

领料单位：二车间　　编号：20140105

用　途：话机　　2014 年 1 月 9 日　　仓库：原材料仓库

类别	编号	名称及规格	计量单位	数量		计划单价	计划总成本
				请领	实领		
主要材料		送话器、受话器	个	28000	28000	6.00	
合计							

第二联 记账联

仓库主管：杨勇　　记账：李芳　　发料人：刘小三　　领料人：朱建民

业务 26　附原始凭证 1 张，见凭证 26-1/1。

原始凭证 26-1/1

中国工商银行　电汇凭证　（回　单）　1

☑普通　☐加急　　委托日期 2014 年 1 月 9 日

汇款人	全称	丰达市讯达通讯设备股份有限责任公司	收款人	全称	石家庄有机塑料股份有限公司
	账号	11-8888-1688		账号	75-2401-113
	汇出地点	省　丰达　市/县		汇入地点	河北　省石家庄市/县
汇出行名称		工商银行丰达支行	汇入行名称		工行桥东办

金额	人民币（大写）	贰拾肆万零陆佰元整	亿	千	百	十	万	千	百	十	元	角	分
					¥	2	4	0	6	0	0	0	0

汇出行签章（工商银行河北省分行丰达支行 2014年1月9日 转讫）	支付密码
	附加信息及用途：购买有机塑料预付款
	复核：　　记账：

此联为汇出行给汇款人的回单

业务 27　附原始凭证 1 张，见凭证 27-1/1。

原始凭证 27-1/1

丰达市迅达通讯设备股份有限责任公司 产成品入库单

仓库名称：产成品仓库　　2014 年 1 月 10 日　　No：20140101

名称	材质	规格	计量单位	数量		单位定额成本	定额总成本	送验单位
				送验	实收			
XD-0506 话机			个	12000	12000			一车间
XD-0508 话机			个	14000	14000			
合计								

第二联　记账联

仓库主管：杨勇　　记账：李芳　　验收人：秦佳　　送验人：张丽

业务 28 附原始凭证 2 张，见凭证 28-1/2、凭证 28-2/2。

原始凭证 28-1/2

中国工商银行

转账支票存根（冀）

$\frac{BK}{02}$ 2834534

附加信息

出票日期 2014 年 1 月 10 日

收款人：丰达市迅达通讯设备股份有限责任公司
金 额：￥346531.05
用 途：发工资

单位主管 方杰 会计

原始凭证 28-2/2

丰达市讯达通讯设备股份有限责任公司 职工工资汇总表

2013 年 12 月 30 日　　　　单位：元

工资构成部门		基本工资	津贴	医疗保险 7.5%	养老保险 20%	住房公积金 11%	失业保险金 2%	应发工资	代扣费用										实发金额
									水电费	住房公积金		养老保险		医疗保险		失业保险		小计	
										单位补	个人交 7%	单位补	个人交 8%	单位补	个人交 2%	单位补	个人交 1%		
一车间	生产工人	85 000	29 750	8 606.25	22 950	12 622.5	2 295	161 223.75	4 250	12 622.5	8 032.5	22 950	9 180	8 606.25	2 295	2 295	1 147.5	**71 378.75**	**89 845**
一车间	管理人员	20 015.1	10 254	2 270.18	6 053.8	3 329.6	605.4	42 528.08	850	3 329.6	2 118.8	6 053.8	2 421.5	2 270.18	605.4	605.4	302.7	**18 557.38**	**23 970.7**
二车间	生产工人	93 500	15 300	8 160	21 760	11 968	2 176	152 864	6 800	11 968	7 616	21 760	8 704	8 160	2 176	2 176	1 088	**70 448**	**82 416**
二车间	管理人员	8 500	1 700	765	2 040	1 122	204	14 331	680	1 122	714	2 040	816	765	204	204	102	**6 647**	**7 684**
修理车间		13 600	3 400	1 275	3 400	1 870	340	23 885	1 020	1 870	1 190	3 400	1 360	1 275	340	340	170	**10 965**	**12 920**
研发部门		7 650	1 700	701.25	1 870	1 028.5	187	13 136.75	340	1 028.5	654.5	1 870	748	701.25	187	187	93.5	**5 809.75**	**7 327**
管理部门		94 791	37 363.1	9 911.56	26 430.8	14 536.9	2 643.1	185 676.46	6 340.5	14 536.9	9 250.8	26 430.8	10 572.3	9 911.56	2 643.1	2 643.1	1 321.55	**83 650.61**	**102 025.85**
仓管部门		4 000	2 356.5	476.74	1 271.3	699.2	127.1	8 930.84	127.5	699.2	444.9	1 271.3	508.5	476.74	127.1	127.1	63.55	**3 845.89**	**5 084.95**
销售部门		17 000	2 125	1 434.38	3 825	2 103.7	382.5	26 870.58	425	2 103.7	1 338.7	3 825	1 530	1 434.38	382.5	382.5	191.25	**11 613.03**	**15 257.55**
合计		**344 056.1**	**103 948.6**	**33 600.36**	**89 600.9**	**49 280.4**	**8 960.1**	**629 446.46**	**20 833**	**49 280.4**	**31 360.2**	**89 600.9**	**35 840.3**	**33 600.36**	**8 960.1**	**8 960.1**	**4 480.05**	**282 915.41**	**346 531.05**

业务 29　附原始凭证 2 张，见凭证 29-1/2、凭证 29-2/2。

原始凭证 29-1/2

河北省增值税专用发票

记　账　联

1300061524　　　　　　　　　　　　　　　　　　No 3163167

校验码：28602960303873892415　　　　　　　　开票日期：2014 年 01 月 11 日

购货单位	名　　称：大连商贸股份有限公司 纳税人识别号：669867589403345 地址、电话：5887652 开户行及账号：大连市工行裕华办 66-3311-112	密码区	>50+/4-62750831/049<1　加密版本：01 88302352+00>*4248/+8<　1300061524 372027+43*3/>732<7-02　3163166 4-5/89-3/55*+1-21>65-

货物或应税劳务名称	规格型号	单位	数量	单价	金额	税率	税额
XD-0506 电话机		部	7000	120	840000	17%	142800
XD-0508 电话机		部	8000	150	1200000	17%	204000
合计					2040000		346800
价税合计（大写）	⊗ 贰佰叁拾捌万陆仟捌佰元整				（小写）¥：2386800		

销货单位	名称：丰达市讯达通讯设备股份有限责任公司 纳税人识别号：854585459898888 地址、电话：丰达市启明大道 168 号 开户行及账号：工商银行丰达支行 11-8888-1688	备注	丰达市讯达通讯设备股份有限责任公司 854585459898888 发票专用章

收款人：赵勇　　复核：张金智　　开票人：李江　　销货单位：（章）

第三联　记账联　销货方作销售的记账凭证

原始凭证 29-2/2

丰达市迅达通讯设备股份有限责任公司 产成品出库单

购货单位：大连商贸股份有限公司　　　　　　　　编号：20140102

业 务 员：张海洋　　2014 年 1 月 11 日　　仓库：产成品仓库

类别	编号	名称及规格	计量单位	数量		单位定额成本	定额总成本
				请购	实发		
主要产品		XD-050 电话机	部	7000	7000		
主要产品		XD-050 电话机	部	8000	8000		
合　计							

仓库主管：杨勇　　记账：李芳　　发货人：李大军　　经办人：李硕

第二联　记账联

业务 30　附原始凭证 1 张，见凭证 30-1/1。

原始凭证 30-1/1

中华人民共和国 税收通用缴款书

隶属关系：丰达市国资委　　　　(20141)冀国缴电：No　0511758

注册类型：股份有限公司　　填发日期 2014 年 1 月 12 日　　征收机关：丰达市国家税务局

缴款单位（人）			预算科目		
	代码	854585069892329		编码	010103
	全称	丰达市讯达通讯设备股份有限责任公司		名称	股份制企业增值税
	开户银行	工商银行丰达支行		级次	中央级
	账号	11－8888－1688	收款国库		丰达支库长安区支库

税款所属时期	2014 年 1 月 1~31 日	税款限缴日期	2014 年 1 月 12 日		
品目名称	课税数量	计税金额或销售收入	税率或单位税额	已缴或扣除额	实缴金额
[illegible]制造			0.17		
金额合计	（大写）⊗ 伍万零捌佰玖拾壹元柒角贰分				¥
缴款单位（人）（盖章）经办人（章）	税务机关（盖章）填票人（章）	上列款项已收妥并划转收款单位账户 国库（银行）盖章　年　月　日		备注	

工商银行河北省分行丰达支行　2014年1月12日　转讫

逾期不缴按税法规定加收滞纳金

（第一联（收据）国库（银行）收款盖章后退缴款单位（人）作完税凭证）

业务 31　附原始凭证 1 张，见凭证 31-1/1。

原始凭证 31-1/1

丰达市迅达通讯设备股份有限责任公司 低值易耗品出库单

领用单位：机修车间　　　　编号：20140101

用　途：设备检修　　2014 年 1 月 13 日　　仓库：低值易耗品仓库

类别	编号	名称及规格	计量单位	数量		单价	金额
				请领	实领		
工具		电工组合	套	2	2		
工具		修理组合	套	3	3		
合　计							

仓库主管：杨勇　　记账：李芳　　发货人：刘小三　　领用人：马阿三

（第二联　记账联）

业务 32　附原始凭证 3 张，见凭证 32-1/3、凭证 32-2/3、凭证 32-3/3。

原始凭证 32-1/3

丰达市迅达通讯设备股份有限责任公司 转让协议书

No：2014-01-05

经：丰达市迅达通讯设备股份有限责任公司　　双方协商并达成以下共识：
　　丰达市华锋集团公司

由丰达市迅达通讯设备股份有限责任公司于 二零一四 年 一 月 十三 日向丰达市华锋集团公司转让该公司于 2010 年 1 月 1 日购入的部分国库券，其面值为人民币十万元整（¥100 000 元），票面利率 6%，期限 5 年，属到期一次还本付息式无记名国库券。

由丰达市华锋集团公司于 二零一四 年 一 月 十三 日一次性向丰达市迅达通讯设备股份有限责任公司转账支付国库券转让价款壹拾贰万捌千陆百元整（¥128 600 元）。丰达市迅达通讯设备股份有限责任公司收到款项后，应向丰达市华锋集团公司一次全部交付上述国库券。

若有欺诈或其他违约、违法行为， 将依法追究违约、违法者法律责任。

立此协议， 望协议双方诚信合作。

出让方：丰达市迅达通讯设备股份有限责任公司（印章：丰达市迅达通讯设备股份有限责任公司 合同专用章）　　接受方：丰达市华锋集团公司（印章：丰达市华峰集团公司 合同专用章）

法人代表：秦贺印　　法人代表：峻秦印栗

签约日期：二零壹肆 年 一 月 十三 日　　签约日期：二零壹肆 年 一 月 十三 日

原始凭证 32-2/3

中国工商银行　进 账 单（收账通知）　　3

2014 年 1 月 13 日

出票人	全称	丰达市华锋集团公司	收款人	全称	丰达市迅达通讯设备股份有限责任公司
	账号	11-8888-2365		账号	11-8888-1688
	开户银行	工商银行丰达支行		开户银行	工商银行丰达行
金额	人民币（大写）壹拾贰万捌千陆百元整			千百十万千百十元角分	¥12860000
票据种类	转账支票	票据张数	1 张		
票据号码					
	复核　记账			开户银行签章（工商银行河北省分行丰达支行 2014年1月13日 转讫）	

此联是开户行交给收款人的收账通知

原始凭证 32-3/3

丰达市迅达通讯设备股份有限责任公司 有价证券交接登记表

有价证券名称	无记名式国库券		
发行日期	2011 年 1 月 1 日	到期日	2014 年 12 月 31 日
票面利率	6%	计息方式	到期一次还本付息
购买日期	2011 年 1 月 1 日		
转让日期	2014 年 1 月 13 日	到期兑付日期	
转让数量	面值 100 000 元		
接受单位	丰达市华锋集团公司	接受人签字	李春海
转让协议书编号	No：2014-01-05		
转让经办人签章	周婉	证券保管人签章	张亮
被授权的管理人员签章		刘利民　2014 年 1 月 13 日	

业务 33　附原始凭证 3 张，见凭证 33-1/3、凭证 33-2/3、凭证 33-3/3。

原始凭证 33-1/3

重庆市增值税专用发票

抵 扣 联

1300061523　No 3491873

校验码：28602960303873892413　开票日期：2014 年 01 月 14 日

购货单位	名　称：丰达市讯达通讯设备股份有限责任公司 纳税人识别号：854585459898888 地址、电话：丰达市启明大道 168 号 开户行及账号：工商银行丰达支行 11-8888-1688	密码区	>50+/4-62750831/049<1　加密版本：01 99302112+00>*4248/+8<　1300061523 372027+43*3/>732<7-02　2342671 4-5/89-3/55*+1-21>44				
货物或应税劳务名称	规格型号	单位	数量	单价	金额	税率	税额
0506 型添加剂		千克	800	5	4000	17%	680
0508 型添加剂		千克	2500	5	12500	17%	2125
合计					16500		2805
价税合计（大写）	⊗壹万玖仟叁佰零伍元整				（小写）¥：19305		
销货单位	名称：重庆市同德化工厂 纳税人识别号：657878982816888 地址、电话：023-65865566 开户行及账号：重庆市工行街口办　21-8425-331	备注	重庆市同德化工厂 657878982816888 发票专用章				

收款人：李永胜　复核：张智　开票人：王玉　销货单位（章）

第一联　抵扣联　购货方作扣税凭证

原始凭证 33-2/3

重庆市增值税专用发票

发 票 联

1300061523 　　　　No 3491873

校验码：28602960303873892413 　　　　开票日期：2014 年 01 月 14 日

购货单位	名称：丰达市讯达通讯设备股份有限责任公司 纳税人识别号：854585459898888 地址、电话：丰达市启明大道 168 号 开户行及账号：工商银行丰达支行 11-8888-1688	密码区	> 50+/4-62750831/049<1　加密版本： 0199302112+00>*4248/+8<　1300061523 372027+43*3/>732<7-02　2342671 4-5/89-3/55*+1-21>44

货物或应税劳务名称	规格型号	单位	数量	单价	金额	税率	税额
0506 型添加剂		千克	800	5	4000	17%	680
0508 型添加剂		千克	2500	5	12500	17%	2125
合计					16500		2805
价税合计（大写）	⊗壹万玖仟叁佰零伍元整				（小写）¥：19305		

销货单位	名称：重庆市同德化工厂 纳税人识别号：657878982816888 地址、电话：023-65865566 开户行及账号：重庆市工行街口办 21-8425-331	备注	重庆市同德化工厂 657878982816888 发票专用章

收款人：李永胜　　复核：张智　　开票人：王玉　　销货单位：（章）

第二联 发票联 购货方作记账凭证

原始凭证 33-3/3

中国工商银行 电汇凭证 （回单）

普通 ☑　　加急 ☐　　委托日期 2014 年 1 月 14 日

汇款人	全称	丰达市讯达通讯设备股份有限责任公司	收款人	全称	重庆市同德化工厂
	账号	11-8888-1681		账号	21-8425-331
	汇出地点	河北 省 丰达 市/县		汇入地点	重庆 市
汇出行名称		工商银行丰达支行	汇入行名称		工行重庆市街口办

金额	人民币（大写）壹万玖仟叁佰零伍元整	千	百	十	万	千	百	十	元	角	分
				¥	1	9	3	0	5	0	0

工商银行河北省分行丰达支行 2014年1月14日 转讫 汇出行签章	支付密码 附加信息及用途：货款 复核：　　记账：

此联汇出行给汇款人的回单

业务 34　附原始凭证 2 张，见凭证 34-1/2、凭证 34-2/2。

原始凭证 34-1/2

丰 达 市 服 务 业 统 一 发 票

2014 年 1 月 14 日　　　　服务（甲）字

客户名称：丰达市讯达通讯设备股份有限责任公司　　　　No 66590363

项　目	单　位	数　量	单　价	金　额								备　注
				十	万	千	百	十	元	角	分	
包装费					1	1	7	0	0	0	0	
人民币（大写）壹万壹仟柒佰元整				¥	1	1	7	0	0	0	0	

此联为报销凭据

填票人：王颖　　　收款人：吴丽　　　单位名称（盖章）丰达市包装印刷有限公司 财务专用章

原始凭证 34-2/2

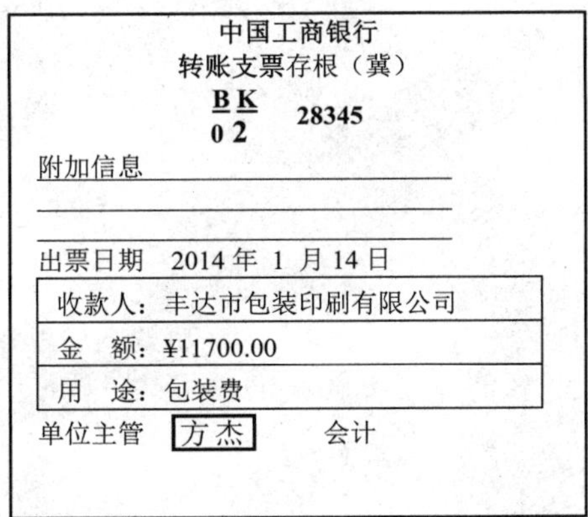

中国工商银行
转账支票存根（冀）
BK/02　28345
附加信息
出票日期　2014 年 1 月 14 日
收款人：丰达市包装印刷有限公司
金　额：¥11700.00
用　途：包装费
单位主管　方杰　　会计

业务 35　附原始凭证 3 张，见凭证 35-1/3，35-2/3，35-3/3。

原始凭证 35-1/3

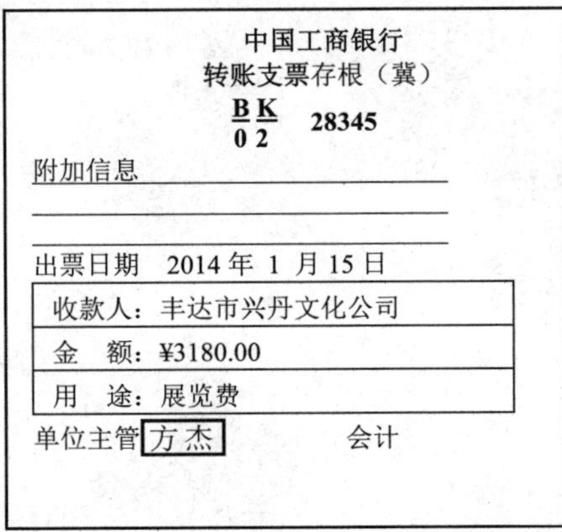

中国工商银行
转账支票存根（冀）
BK/02　28345
附加信息
出票日期　2014 年 1 月 15 日
收款人：丰达市兴丹文化公司
金　额：¥3180.00
用　途：展览费
单位主管　方杰　　会计

原始凭证 35-2/3

河北省增值税专用发票

抵 扣 联

1300061523　　　　No 3498728

校验码：28602960303873892413　　　　开票日期：2014 年 01 月 15 日

购货单位	名　称：丰达市讯达通讯设备股份有限责任公司 纳税人识别号：854585459898888 地址、电话：丰达市启明大道 168 号 开户行及账号：工商银行丰达支行 11-8888-1688	密码区	>50+/4-62750831/049<1　加密版本：01 99302112+00>*4248/+8<　1300061523 372027+43*3/>732<7-02　2342671 4-5/89-3/55*+1-21>44

货物或应税劳务名称	规格型号	单位	数量	单价	金额	税率	税额
展览费					3000	6%	180
价税合计（大写）	⊗ 叁仟壹佰捌拾捌元整				（小写）¥：3180		

销货单位	名称：丰达市兴丹文化公司 纳税人识别号：237685763423453 地址、电话：0311-87878325 开户行及账号：丰达市工行桥东办　75-2401-453	备注	丰达市兴丹文化公司 237685763423453 发票专用章

收款人：王丽丽　　复核：赵利平　　开票人：李玉方　　销货单位：（章）

第一联 抵扣联 购货方作扣税凭证

原始凭证 35-3/3

河北省增值税专用发票

发 票 联

1300061523　　　　No 3498728

校验码：28602960303873892413　　　　开票日期：2014 年 01 月 15 日

购货单位	名　称：丰达市讯达通讯设备股份有限责任公司 纳税人识别号：854585459898888 地址、电话：丰达市启明大道 168 号 开户行及账号：工商银行丰达支行 11-8888-1688	密码区	>50+/4-62750831/049<1　加密版本：01 99302112+00>*4248/+8<　1300061523 372027+43*3/>732<7-02　2342671 4-5/89-3/55*+1-21>44

货物或应税劳务名称	规格型号	单位	数量	单价	金额	税率	税额
展览费					3000	6%	180
合计					3000		180
价税合计（大写）	⊗ 叁仟壹佰捌拾捌元整				（小写）¥：3180		

销货单位	名称：丰达市兴丹文化公司 纳税人识别号：237685763423453 地址、电话：0311-87878325 开户行及账号：丰达市工行桥东办　75-2401-453	备注	丰达市兴丹文化公司 237685763423453 发票专用章

收款人：王丽丽　　复核：赵利平　　开票人：李玉方　　销货单位：（章）

第二联 发票联 购货方作记账凭证

业务 36　附原始凭证 2 张，见凭证 36-1/2、凭证 36-2/2。

原始凭证 36-1/2

河北省增值税专用发票

抵　扣　联

1300061523　　　　　　　　　　　　　　　　　　　　　　　　　No 3498720

校验码：28602960303873892413　　　　　　　　　开票日期：2014 年 01 月 15 日

购货单位	名　　称：丰达市讯达通讯设备股份有限责任公司 纳税人识别号：854585459898888 地址、　电话：丰达市启明大道 168 号 开户行及账号：工商银行丰达支行 11-8888-1688	密码区	>50+/4-62750831/049<1　加密版本：01 99302112+00>*4248/+8<　1300061523 372027+43*3/>732<7-02　2342671 4-5/89-3/55*+1-21>44

货物或应税劳务名称	规格型号	单位	数量	单价	金额	税率	税额
0506 型塑料		千克	2000	7.8	15600	17%	2652
0508 型塑料		千克	8000	10.1	80800	17%	13736
合计					96400		16388
价税合计（大写）	⊗ 壹拾壹万贰仟柒佰捌拾捌元整					(小写）¥：112788	

销货单位	名称：石家庄有机塑料股份有限公司 纳税人识别号：507685763423453 地址、电话：0311-87878788 开户行及账号：石家庄市工行桥东办　75-2401-113	备注	石家庄有机塑料股份有限公司 507685763423453 发票专用章

收款人：张一凡　　　复核：　赵平　　　开票人：李玉明　　　销货单位：（章）

第一联　抵扣联　购货方作扣税凭证

原始凭证 36-2/2

河北省增值税专用发票

发　票　联

1300061523　　　　　　　　　　　　　　　　　　　　　　　　　No 3498720

校验码：28602960303873892413　　　　　　　　　开票日期：2014 年 01 月 15 日

购货单位	名　　称：丰达市讯达通讯设备股份有限责任公司 纳税人识别号：854585459898888 地址、　电话：丰达市启明大道 168 号 开户行及账号：工商银行丰达支行 11-8888-1688	密码区	>50+/4-62750831/049<1　加密版本：01 99302112+00>*4248/+8<　1300061523 372027+43*3/>732<7-02　2342671 4-5/89-3/55*+1-21>44

货物或应税劳务名称	规格型号	单位	数量	单价	金额	税率	税额
0506 型塑料		千克	2000	7.8	15600	17%	2652
0508 型塑料		千克	8000	10.1	80800	17%	13736
合计					96400	17%	16388
价税合计（大写）	⊗ 壹拾壹万贰仟柒佰捌拾捌元整					(小写）¥：112788	

销货单位	名称：石家庄有机塑料股份有限公司 纳税人识别号：507685763423453 地址、电话：0311-87878788 开户行及账号：石家庄市工行桥东办　75-2401-113	备注	石家庄有机塑料股份有限公司 507685763423453 发票专用章

收款人：张一凡　　　复核：赵平　　　开票人：李玉明　　　销货单位：（章）

第二联　发票联　购货方作记账凭证

业务 37　附原始凭证 6 张，见凭证 37-1/6、凭证 37-2/6、凭证 37-3/6、凭证 37-4/6、凭证 37-5/6、凭证 37-6/6。

原始凭证 37-1/6

河北省增值税专用发票

记 账 联

（印章：全国统一发票监制章 国家税务总局监制）

1300061728　　　　　　　　　　　　No 3163341

校验码：28602960303873892743　　　　开票日期：2014 年 01 月 16 日

购货单位	名　　称：丰达市物资回收公司 纳税人识别号：735678989516823 地址、电话：0311-82561429 开户行及账号：丰达市工行平安办 50-3838-121	密码区	>50+/4-62750831/049<1　加密版本：01 88302352+00>*4248/+8<　1300061524 372027+43*3/>732<7-02　3163166 4-5/89-3/55*+1-21>65-

货物或应税劳务名称	规格型号	单位	数量	单价	金额	税率	税额
报废旧设备			1	18000	18000	0	0
合计					18000		0
价税合计（大写）	⊗ 壹万捌仟元整			（小写）¥：18000			

销货单位	名称：丰达市讯达通讯设备股份有限责任公司 纳税人识别号：854585459898888 地址、电话：丰达市启明大道 168 号 ，0311-87878778 开户行及账号：工商银行丰达支行 11-8888-1688	备注	（印章：丰达市通讯设备股份有限责任公司 854585459898888 发票专用章）

收款人：赵勇　　复核：张金智　　开票人：李江　　销货单位：（章）

第三联　记账联　销货方作销售的记账凭证

原始凭证 37-2/6

中国工商银行　进 账 单（收账通知）　3

2014 年 1 月 16 日

出票人		收款人	
全　　称	丰达市物资回收公司	全　　称	丰达市迅达通讯设备股份有限责任公司
账　　号	11-4652-5632	账　　号	11-8888-1688
开户银行	工商银行丰达支行	开户银行	工商银行丰达行

金额	亿	千	百	十	万	千	百	十	元	角	分
人民币（大写）壹万捌仟元整				¥	1	8	0	0	0	0	0

票据种类	转账支票	票据张数	1 张
票据号码			
复核　　记账		开户银行签章	（印章：工商银行河北省分行丰达支行 2014年1月16日 转讫）

此联是开户行交给收款人的收账通知

原始凭证 37-3/6

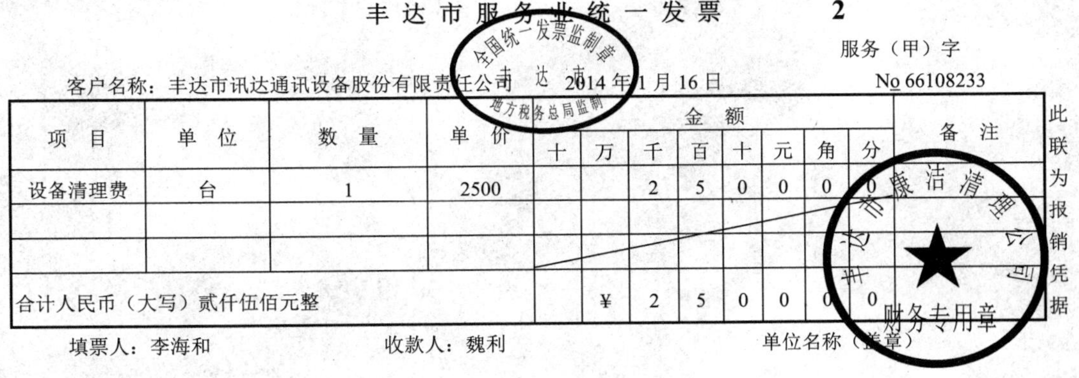

丰达市服务业统一发票　　2

服务（甲）字

客户名称：丰达市讯达通讯设备股份有限责任公司　2014 年 1 月 16 日　No 66108233

项目	单位	数量	单价	金额								备注
				十	万	千	百	十	元	角	分	
设备清理费	台	1	2500			2	5	0	0	0	0	
合计人民币（大写）贰仟伍佰元整					¥	2	5	0	0	0	0	

此联为报销凭据

填票人：李海和　收款人：魏利　单位名称（盖章）

原始凭证 37-4/6

中国工商银行
转账支票存根（冀）

$\frac{BK}{02}$ 283453

附加信息

出票日期　2014 年 1 月 16 日

收款人：丰达市廉洁清理公司
金　额：¥2500.00
用　途：支付清理费用

单位主管 方杰　会计

原始凭证 37-5/6

丰达市讯达通讯设备股份有限责任公司

报废固定资产补提折旧计算表

2014 年 1 月

使用部门	品　名	单位	数量	单　价	原始价值	月折旧率（%）	本月计提折旧额
一车间	A 设备	台	1	200 000	200 000	1.01	2 020
合　　计							2 020

原始凭证 37-6/6

丰达市讯达通讯设备股份有限责任公司固定资产清理报废单

签发日期：2014 年 1 月 16 日　　编号：20140101

单位公章					使用单位：一车间					
名称及型号	单位	数量	原始价值	已提折旧	净值	预计使用年限	实际使用年限	支付清理费	收回变价收入	收取过失人员赔款
A 设备	台		200000	103020	96980	5	3	2500	18000	11800
制造单位	制造年限		出厂号		申请报废原因：因职工范小芳作业不当导致毁损。					
唐山市设备制造有限责任公司	2010 年 1 月		2011B－1387							

设备主管领导：秦贺印　　财务部门负责人：方杰　　设备管理部门负责人：李有欢

业务 38　附原始凭证 2 张，见凭证 38-1/2、38-2/2。

原始凭证 38-1/2

丰达市迅达通讯设备股份有限责任公司原材料入库单

仓库名称：原材料仓库　　2014 年 1 月 16 日　　No：20140105

名　称	材质	规格	计量单位	数量		计划单价	计划成本	运杂费	实际成本	材料成本差异
				凭证	实收					
0506 型号塑料			千克	1	2000	8	16000			
0508 型号塑料			千克	1	8000	10	80000			
合 计										

第二联 记账联

仓库主管：杨勇　　记账：李芳　　验收人：秦佳　　采购人：张忠祥

原始凭证 38-2/2

丰达市迅达通讯设备股份有限责任公司原材料入库单

仓库名称：原材料仓库　　2014 年 1 月 16 日　　No：20140106

名　称	材质	规格	计量单位	数量		计划单价	计划成本	运杂费	实际成本	材料成本差异
				凭证	实收					
0506 型号添加剂			千克	1	800	5	4000			
0508 型号添加剂			千克	1	2500	5	12500			
合计										

第二联 记账联

仓库主管：杨勇　　记账：李芳　　验收人：秦佳　　采购人：张忠祥

业务 39　附原始凭证 1 张，见凭证 39-1/1。

原始凭证 39-1/1

丰达市迅达通讯设备股份有限责任公司 低值易耗品出库单

领料单位：一车间　　编号：20140102

用　途：设备保养　　2014 年 1 月 16 日　　仓库：原材料仓库

类别	编号	名称及规格	计量单位	数量		单价	计划总成本
				请领	实领		
机物料		机油	千克	30	30		
机物料		黄油	千克	20	20		
合　计							

第二联 记账联

仓库主管：杨勇　　记账：李芳　　发料人：刘小三　　领料人：朱建民

业务 40　附原始凭证 1 张，见凭证 40-1/1。

原始凭证 40-1/1

中国工商银行 进 账 单（收账通知）　　3

2014 年 1 月 16 日

出票人	全　称	丰达市燕莎商场	收款人	全　称	丰达市迅达通讯设备股份有限责任公司
	账　号	50-3838-121		账　号	11-8888-1688
	开户银行	丰达市工行平安办		开户银行	工商银行丰达行

金额	亿	千	百	十	万	千	百	十	元	角	分
人民币（大写）叁拾万零肆仟贰佰元整				3	0	4	2	0	0	0	0

票据种类	转账支票	票据张数	1 张
票据号码			
复核　　记账			

开户银行签章

工商银行河北省分行平安支行　2014年1月16日　转讫

此联是开户行交给收款人的收账通知

业务 41　附原始凭证 2 张，见凭证 41-1/2、凭证 41-2/2。

原始凭证 41-1/2

丰达市迅达通讯设备股份有限责任公司 原材料出库单

领料单位：一车间　　编号：20140106

用　　途：半成品加工　　2014 年 1 月 16 日　　仓库：原材料仓库

类别	编号	名称及规格	计量单位	数量		计划单价	计划总成本
				请领	实领		
主要材料		0506 型号塑料	千克	5000	5000		
		0508 型号塑料	千克	7300	7300		
合　计							

仓库主管：杨勇　　记账：李芳　　发料人：刘小三　　领料人：朱建民

第二联　记账联

原始凭证 41-2/2

丰达市迅达通讯设备股份有限责任公司 原材料出库单

领料单位：一车间　　编号：20140107

用　　途：半成品加工　　2014 年 1 月 16 日　　仓库：原材料仓库

类别	编号	名称及规格	计量单位	数量		计划单价	计划总成本
				请领	实领		
主要材料		0506 型号添加剂	千克	1000	1000		
		0508 型号添加剂	千克	2400	2400		
合　计							

仓库主管：杨勇　　记账：李芳　　发料人：刘小三　　领料人：朱建民

第二联　记账联

业务 42　附原始凭证 1 张，见凭证 42-1/1。

原始凭证 42-1/1

丰达市讯达通讯设备股份有限责任公司　折旧费计算表

2014 年 1 月

使用部门	品　名	单位	数量	单　价	原始价值	月折旧率（%）	本月计提折旧额
一车间（其中：A、B 设备各有一套出租）	A 设备	台	4	200 000	800 000	1.01	
	B 设备	台	5	240 000	1 200 000	1.01	
	一号厂房	栋	1	2 600 000	2 600 000	0.42	
	戴尔微机	台	2	9 500	19 000	1.67	
	四通打印机	台	1	1 000	1 000	1.67	
	小计						
二车间	X 设备	条	8	44 750	358 000	1.01	
	Y 设备	条	8	40 000	320 000	1.04	
	二号厂房	栋	1	2 600 000	2 600 000	0.42	
	IBM 微机	台	2	8 500	17 000	1.67	
	四通打印机	台	1	1 280	1 280	1.68	
	小计						
机修车间	维修设备	台	3	25 000	75 000	1.04	
	辅一楼	栋	1	280 000	280 000	0.42	
	小计						
公司总部	行政办公楼	栋	1	4 120 000	4 120 000	0.42	
	IBM 微机	台	9	8 000	72 000	1.67	
	复印机	台	1	24 000	24 000	1.67	
	佳伦打印机	台	9	2 100	18 900	1.67	
	红旗轿车	辆	2	160 000	320 000	1.67	
	仓库	栋	1	97 200	97 200	1.67	
	小计						
合　计							

业务 43　附原始凭证 1 张，见凭证 43-1/1。

原始凭证 43-1/1

丰达市迅达通讯设备股份有限责任公司 半成品入库单

仓库名称：半成品仓库　　2014 年 1 月 17 日　　No：20140102

名称	材质	规格	计量单位	数量		单位定额成本	定额总成本	送验单位
				送验	实收			
HXD-0506			件	10000	10000	9.00		一车间
HXD-0508			件	12000	12000	12.50		
合 计								

第二联　记账联

仓库主管：杨勇　　记账：李芳　　验收人：秦佳　　送验人：朱建民

业务 44　附原始凭证 4 张，见凭证 44-1/4、凭证 44-2/4、凭证 44-3/4、凭证 44-4/4。

原始凭证 44-1/4

丰达市讯达通讯设备股份有限责任公司 半成品出库单

领料单位：二车间　　　　　　　　　　　　　　　　　　　　　　编号：20140101

用　　途：加工话机　　　　　2014 年 1 月 18 日　　　　　　　　仓库：半成品仓库

类别	编号	名称及规格	计量单位	数量		单位定额成本	定额总成本
				请领	实领		
半成品		HXD-0506	件	10000	10000		
		HXD-0508	件	12000	12000		
合　计							

第二联 记账联

仓库主管：杨勇　　　　记账：李芳　　　　发料人：刘小三　　　　领料人：褚志海

原始凭证 44-2/4

丰达市迅达通讯设备股份有限责任公司 原材料出库单

领料单位：二车间　　　　　　　　　　　　　　　　　　　　　　编号：20140108

用　　途：加工话机　　　　　2014 年 1 月 18 日　　　　　　　　仓库：原材料仓库

类别	编号	名称及规格	计量单位	数量		计划单价	计划总成本
				请领	实领		
主要材料		0506 话机主板	个	10000	10000		
		0508 话机主板	个	10000	10000		
合　计							

第二联 记账联

仓库主管：杨勇　　　　记账：李芳　　　　发料人：刘小三　　　　领料人：褚志海

原始凭证 44-3/4

丰达市迅达通讯设备股份有限责任公司 原材料出库单

领料单位：二车间　　　　　　　　　　　　　　　　　　　　　　编号：20140109

用　　途：加工话机　　　　　2014 年 1 月 18 日　　　　　　　　仓库：原材料仓库

类别	编号	名称及规格	计量单位	数量		计划单价	计划总成本
				请领	实领		
主要材料		0506 话机显示屏	个	10000	10000		
		0508 话机显示屏	个	10000	10000		
合　计							

第二联 记账联

仓库主管：杨勇　　　　记账：李芳　　　　发料人：刘小三　　　　领料人：褚志海

原始凭证 44-4/4

丰达市迅达通讯设备股份有限责任公司 原材料出库单

领料单位：二车间　　　　　　　　　　　　　　　　　　编号：20140110

用　　途：加工话机　　　　2014 年 1 月 18 日　　　　仓库：原材料仓库

类别	编号	名称及规格	计量单位	数量		计划单价	计划总成本
				请领	实领		
主要材料		送话器、受话器	个	20000	20000		
合　计							

第二联　记账联

仓库主管：杨勇　　　记账：李芳　　　发料人：刘小三　　　领料人：褚志海

业务 45　附原始凭证 1 张，见凭证 45-1/1。

原始凭证 45-1/1

丰达市迅达通讯设备股份有限责任公司 产成品入库单

仓库名称：产成品仓库　　　　2014 年 1 月 20 日　　　　No：20140102

名称	材质	规格	计量单位	数量		单位定额成本	定额总成本	送验单位
				送验	实收			
XD-0506 话机			个	10 000	10 000			二车间
XD-0508 话机			个	11 000	11 000			
合　计								

第二联　记账联

仓库主管：杨勇　　　记账：李芳　　　验收人：秦佳　　　送验人：张丽

业务 46　附原始凭证 2 张，见凭证 46-1/2、凭证 46-2/2。

原始凭证 46-1/2

全国统一发票监制章　国家税务局监制

河北省增值税专用发票

记　账　联

1300061524　　　　　　　　　　　　　　　　　　No 3163168

校验码：28602960303873892415　　　　　　　　开票日期：2014 年 01 月 21 日

购货单位	名　　称：丰达市燕莎商场 纳税人识别号：255678989809890 地址、电话：8561429 开户行及账号：丰达市工行平安办 50-3838-121	密码区	>50+/4-62750831/049<1　加密版本：01 88302352+00>*4248/+8<　1300061524 372027+43*3/>732<7-02　3163166 4-5/89-3/55*+1-21>65-

货物或应税劳务名称	规格型号	单位	数量	单价	金额	税率	税额
XD-0506 电话机		部	6000	120	72000	17%	122400
XD-0508 电话机		部	7000	150	1050000	17%	178500
合计					1770000		300900
价税合计（大写）	⊗ 贰佰零柒万零玖佰元整				（小写）¥：2070900		

销货单位	名称：丰达市讯达通讯设备股份有限责任公司 纳税人识别号：854585459898888 地址、电话：丰达市启明大道 168 号，0311-87878778 开户行及账号：工商银行丰达支行 11-8888-1688	备注	丰达市通讯设备股份有限责任公司 854585459898888 发票专用章

第三联　记账联　销货方作销售的记账凭证

收款人：赵勇　　　复核：张金智　　　开票人：李江　　　销货单位：（章）

原始凭证 46-2/2

丰达市讯达通讯设备股份有限责任公司 产成品出库单

购货单位：丰达市燕莎商场　　编号：20140103

业 务 员：张海洋　　2014 年 1 月 21 日　　仓库：产成品仓库

类别	编号	名称及规格	计量单位	数量		单位定额成本	定额总成本
				请购	实发		
主要产品		XD-0506 电话机	部	6 000	6 000		
		XD-0508 电话机	部	7 000	7 000		
合　计							

第二联 记账联

仓库主管：杨勇　　记账：李芳　　发货人：李大军　　经办人：李硕

业务 47　附原始凭证 1 张，见凭证 47-1/1。

原始凭证 47-1/1

中国工商银行 电汇凭证（回　单）　1

☑ 普通　☐ 加急　　委托日期 2014 年 1 月 21 日

汇款人			收款人		
全称	成都华联商场		全称	丰达市讯达通讯设备股份有限责任公司	
账号	33-1933-448		账号	11-8888-1688	
汇出地点	四川省成都市/县		汇入地点	河北 省 丰达 市/县	
汇出行名称	工商银行成都支行		汇入行名称	工商银行丰达支行	
金额	人民币（大写）壹拾壹万柒仟元整		亿千百十万千百十元角分	¥ 1 1 7 0 0 0 0 0	
汇出行签章			支付密码		
			附加信息及用途：货款		
			复核：　记账：		

（印章：工商银行四川省分行成都支行 2014年1月21日 转讫）

此联汇出行给汇款人的回单

业务 48　附原始凭证 5 张，见凭证 48-1/5、凭证 48-2/5、凭证 48-3/5、凭证 48-4/5、凭证 48-5/5。

原始凭证 48-1/5

山东省增值税专用发票

（印章：抵扣联 全国统一发票监制章 国家税务总局监制）

1300061523　　No 7698720

校验码：28602314303873892413　　开票日期：2014 年 01 月 21 日

购货单位	名称：丰达市讯达通讯设备股份有限责任公司 纳税人识别号：854585459898888 地址、电话：丰达市启明大道 168 号 开户行及账号：工商银行丰达支行 11-8888-1688	密码区	>50+/4-62750831/049<1 99302352+00>*4248/+8< 372027+43*3/>732<7-02 4-5/89-3/55*+1-21>20-	加密版本：01 1300061520 01142671

货物或应税劳务名称	规格型号	单位	数量	单价	金额	税率	税额
A 设备生产线		条	1	200000	200000	17%	34000
合计					200000		34000
价税合计（大写）	⊗ 贰拾叁万肆仟元整				（小写）¥：234000		

销货单位	名称：山东通讯制造设备有限公司 纳税人识别号：213456789876543 地址、电话：0531-88635247 开户行及账号：济南市工商银行槐中办	备注	（印章：山东通讯制造设备股份公司 213456789876543 发票专用章）

第一联 抵扣联 购货方作扣税凭证

收款人：李凡　　复核：张丽容　　开票人：李玉刚　　销货单位：（章）

原始凭证 48-2/5

山东省增值税专用发票

发 票 联

1300061523　　　　　　　　　　　　　　No 3498720

校验码：28602960303873892413　　　　　　开票日期：2014年01月21日

购货单位	名　称：丰达市讯达通讯设备股份有限责任公司 纳税人识别号：854585459898888 地址、电话：丰达市启明大道168号 开户行及账号：工商银行丰达支行11-8888-1688	密码区	>50+/4-62750831/049<1　加密版本：01 99302352+00>*4248/+8<　1300061520 372027+43*3/>732<7-02　01142671 4-5/89-3/55*+1-21>20-

货物或应税劳务名称	规格型号	单位	数量	单价	金额	税率	税额
A设备生产线		条	1	200000	200000	17%	34000
合计					200000		34000
价税合计（大写）	⊗ 贰拾叁万肆仟元整				（小写）¥：234000		

销货单位	名称：山东通讯制造设备有限公司 纳税人识别号：213456789876543 地址、电话：0531-88635247 开户行及账号：济南市工商银行槐中办	备注	山东通讯制造设备股份公司 213456789876543 发票专用章

收款人：李凡　　复核：张丽容　　开票人：李玉刚　　销货单位：（章）

第二联 发票联 购货方作记账凭证

原始凭证 48-3/5

铁路运输费专用发票

运输号码　6669

发站	济南	到站	石家庄	车种车号		货车自重	
集装箱型		运到期限		保价金额		运价里程	
收货人 全称	丰达市讯达通讯设备股份有限责任公司	发货人 全称	山东通讯制造设备有限公司	现付费用			
收货人 地址	丰达市启明大道168号	发货人 地址	山东省济南市槐中路372号	项目	金额		
货物名称	件数	货物重量	计费重量	运价号	运价率	附记	运费 2000.00
A设备		228000kg					
			2014年1月21日济南铁路分局				
发货人声明事项							
铁路声明事项						合计	¥2000.00

发站经办人：　　　　到站经办人：

济南铁路分局 结算专用章

报销凭证

原始凭证 48-4/5

固定资产验收单

2014 年 1 月 21 日　　　　No. ,140101

固定资产名称	型号	计量单位		数量	供货单位		
A 设备生产线		条		1	山东通讯制造设备股份公司		
总价	设备费	安装费	运杂费	包装费	其他	合计	预计年限	净残值率
	200 000		2 000			¥202 000.00	10	4%
验收意见	合格	验收人签章	张东阳	保管使用人签章	刘浩然			

原始凭证 48-5/5

中国工商银行　电汇凭证（回　单） 1

√普通　□加急　　委托日期 2014 年 1 月 21 日

汇款人	全称	丰达市讯达通讯设备股份有限责任公司	收款人	全称	山东通讯制造设备股份公司
	账号	11-8888-1688		账号	34-6768-339
	汇出地点	省 丰达 市/县		汇入地点	山东 省 济南 市/县
汇出行名称		工商银行丰达支行	汇入行名称		济南市工行人民
金额	人民币（大写）	贰拾叁万陆仟元整	亿 千 百 十 万 千 百 十 元 分		¥ 2 3 6 0 0 0 0
汇出行签章		工商银行河北省分行丰达支行 2014年1月21日 转讫	支付密码		
			附加信息及用途：购买设备		
			复核：　记账：		

业务 49　附原始凭证 3 张，见凭证 49-1/3、凭证 49-2/3、凭证 49-3/3。

原始凭证 49-1/3

河北省增值税专用发票

记账联（国家税务总局监制）

1300061524　　　　No 3163169

校验码：28602960303873892415　　　　开票日期：2014 年 01 月 21 日

购货单位	名称：成都华联商场 纳税人识别号：519988796192341 地址、电话：6528790 开户行及账号：成都市工行槐底办 33-1933-448			密码区	>50+/4-62750831/049<1　加密版本：01 88302352+00>*4248/+8<　1300061524 372027+43*3/>732<7-02　3163166 4-5/89-3/55*+1-21>65-		
货物或应税劳务名称	规格型号	单位	数量	单价	金额	税率	税额
XD-0506 电话机		部	9500	120	1140000	17%	193800
XD-0508 电话机		部	9000	150	1350000	17%	229500
合计					2490000		423300
价税合计（大写）	⊗贰佰玖拾壹万叁仟叁佰元整				（小写）¥：2913300		
销货单位	名称：丰达市讯达通讯设备股份有限责任公司 纳税人识别号：854585459898888 地址、电话：丰达市启明大道 168 号，0311-87878778 开户行及账号：工商银行丰达支行 11-8888-1688			备注	丰达市通讯设备股份有限责任公司 854585459898888 发票专用章		

第三联 记账联 销货方作销售的记账凭证

收款人：赵勇　　复核：张金智　　开票人：李江　　销货单位：（章）

原始凭证 49-2/3

丰达市讯达通讯设备股份有限责任公司 产成品出库单

购货单位：成都华联商场　　　　　　　　　　　　　　　　编号：20140104

业务员：张海洋　　　　2014 年 1 月 21 日　　　　　　　　仓库：产成品仓库

类别	编号	名称及规格	计量单位	数量		单位定额成本	定额总成本
				请购	实发		
主要产品		XD-0506 电话机	部	9500	9500		
		XD-0508 电话机	部	9000	9000		
合　计							

第二联　记账联

仓库主管：杨勇　　　记账：李芳　　　发货人：李大军　　　经办人：李硕

原始凭证 49-3/3

商业承兑汇票（卡片）

出票日期(大写)　贰零壹肆年零壹月贰拾贰日　　　　汇票号码 No 0015307

付款人	全称	丰达市讯达通讯设备股份有限责任公司	收款人	全称	成都华联商场
	账号	11-8888-1688		账号	51-3256-158
	开户银行	工行丰达支行		开户银行	成都市工行支行

出票金额	人民币(大写) 贰佰玖拾壹万叁仟叁佰元整	百	十	万	千	百	十	元	角	分
		2	9	1	3	3	0	0	0	0

汇票到期日(大写)	贰零壹肆年零柒月零壹拾壹日	付款人开户行	行号	0470
交易合同号码	0021		地址	丰达市启明大道 168 号

出票人签章　（丰达市讯达通讯设备股份有限责任公司 财务专用章）

备注：
本汇票请你单位承兑，并及时将承兑汇票寄交我单位。
此致
承兑人
负责人：　　经办：　（秦贺印）

（工商银行四川省分行成都支行 2014年1月22日 转讫）

业务 50　附原始凭证 2 张，见凭证 50-1/2、凭证 50-2/2。

原始凭证 50-1/2

丰达市讯达通讯设备股份有限责任公司 有价证券处置通知单

2014 年 1 月 22 日　　　　　　　　　No. 070103

有价证券名称	商业承兑汇票——成都华联商场				
发行日期	票面利率	票面值	到期日	贴现日期	贴现利率
2014 年 1 月 22 日		2 913 300.00	2014 年 7 月 22 日	2014 年 1 月 22 日	6%
贴现所得 =					
转让经办人签章	周婉	证券保管人签章	张亮		
被授权的管理人员签章		刘利民　2014 年 1 月 22 日			

原始凭证 50-2/2

贴现凭证（收账通知）　4

申请日期　2014 年 1 月 22 日　第 058 号

贴现汇票	种类	不带息商业承兑汇票	号码	0001	持票人	名称	丰达市讯达通讯设备股份有限责任公司
	出票日	2014 年 1 月 22 日				账户	11-8888-1688
	到期日	2014 年 7 月 22 日				开户银行	工商银行丰达支行
汇票承兑人	名称	成都华联商场			账号	33-1933-448	开户银行 成都市工行槐底办

汇票金额	人民币（大写）贰佰玖拾壹万叁仟叁佰元整	十	万	千	百	十	万	千	百	十	元	角	分
					2	9	1	3	3	0	0	0	0

贴现率	6%	贴现利息	百	十	万	千	百	十	元	角	分
					8	7	3	9	9	0	0

实付贴现金额	十	万	千	百	十	万	千	百	十	元	角	分
				2	8	2	5	9	0	1	0	0

贴现款项已入你单位账户　银行盖章　2014 年 1 月 22 日

备注：

（印章：工行丰达支行 2007年1月22日 转账 转讫）

业务 51　附原始凭证 2 张，见凭证 51-1/2、凭证 51-2/2。

原始凭证 51-1/2

中国建设银行

转账支票存根（冀）

BK 02　**2834539**

附加信息

出票日期　2014 年 1 月 23 日

收款人：丰达市第五建筑公司
金　额：¥300000.00
用　途：新办公楼工程进度款

单位主管　方杰　会计

原始凭证 51-2/2

丰达市建筑业统一发票

服务（甲）字

客户名称：丰达市讯达通讯设备股份有限责任公司 2014年1月23日 No 000758

项目	单位	数量	单价	金额 佰	拾	万	千	百	十	元	角	分	备注
新办公楼工程进度款					3	0	0	0	0	0	0	0	
人民币（大写）叁拾万元整				¥	3	0	0	0	0	0	0	0	

此联为记账凭据

填票人：李丽楚 收款人：李一倩 单位名称（盖章）：

业务 52 附原始凭证 1 张，见凭证 52-1/1。

原始凭证 52-1/1

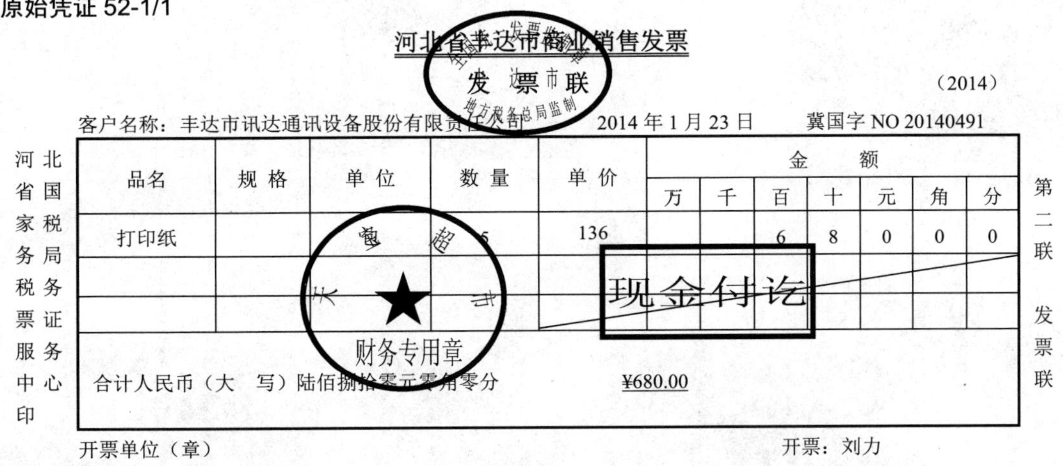

河北省丰达市商业销售发票

发票联

（2014）

客户名称：丰达市讯达通讯设备股份有限责任公司 2014年1月23日 冀国字 NO 20140491

品名	规格	单位	数量	单价	金额 万	千	百	十	元	角	分
打印纸		包	5	136			6	8	0	0	0
合计人民币（大写）陆佰捌拾零元零角零分				¥680.00							

河北省国家税务局税务票证服务中心印

第二联 发票联

现金付讫

开票单位（章） 开票：刘力

业务 53 附原始凭证 1 张，见凭证 53-1/1。

原始凭证 53-1/1

丰达市迅达通讯设备股份有限责任公司 借款单

2014年1月24日 第 2014002 号

借款单位	采购科		金额 十	万	千	百	十	元	角	分
人民币（大写）：叁佰零拾零元零角零分						3	0	0	0	0
借款事由：出差										
财务负责人	借款单位负责人	借款人								
同意。方杰 2014.1.24	同意。王维力 2014.1.24	沈括								

现金付讫

业务 54　附原始凭证 2 张，见凭证 54-1/2、凭证 54-2/2。

原始凭证 54-1/2

丰达市迅达通讯设备股份有限责任公司 低值易耗品出库单

领料单位：一车间　　　　　　　　　　　　　　　　　　　　　　编号：20140103

用　　途：劳保　　　　　　　2014 年 1 月 24 日　　　　　　　仓库：原材料仓库

类别	编号	名称及规格	计量单位	数量		期初实际单位成本	总成本
				请领	实领		
劳保用品		工作服	套	50	50		
合　计							

第二联　记账联

仓库主管：杨勇　　　记账：李芳　　　发料人：刘小三　　　领料人：朱建民

原始凭证 54-2/2

丰达市迅达通讯设备股份有限责任公司 低值易耗品出库单

领料单位：二车间　　　　　　　　　　　　　　　　　　　　　　编号：20140104

用　　途：劳保　　　　　　　2014 年 1 月 24 日　　　　　　　仓库：原材料仓库

类别	编号	名称及规格	计量单位	数量		期初实际单位成本	总成本
				请领	实领		
劳保用品		工作服	套	20	20		
合　计							

第二联　记账联

仓库主管：杨勇　　　记账：李芳　　　发料人：刘小三　　　领料人：朱建民

业务 55　附原始凭证 1 张，见凭证 55-1/1。

原始凭证 55-1/1

2014 年 1 月 20 日收到丰达市迅美科技股份有限公司报送的报表一张。

利　润　表

会股 02 表

编制单位：丰达市迅美科技股份有限公司　　　　2013 年 12 月　　　　单位：元

项　　目	行次	本月数	本年累计数
一、营业收入		612 500	612 500
减：营业成本		367 500	367 500
营业税金及附加		980	980
销售费用		9 800	9 800
管理费用		77 420	77 420
财务费用		20 335	20 335
资产减值损失		0	0
加：公允价值变动收益（损失以“—”号填列）		0	0
投资收益（损失以“—”号填列）		15 435	15 435
其中：对联营企业和合营企业的投资收益		0	0
二、营业利润（亏损以“—”号填列）		151 900	151 900
加：营业外收入		24 500	24 500
减：营业外支出		9 653	9 653
三、利润总额（亏损以“—”号填列）		166 747	166 747
减：所得税		48 747	48 747
四、净利润（净亏损以“—”号填列）		118 000	118 000

业务 56　附原始凭证 4 张，见凭证 56-1/4、凭证 56-2/4、凭证 56-3/4、凭证 56-4/4。

原始凭证 56-1/4

中国人民邮政邮资报刊费收据

2014 年 1 月 27 日　　No 75846

单位：丰达市迅达通讯设备股份有限责任公司

项目	附件（订阅单）		金额								
	起止期	份数	百	十	万	千	百	十	元	角	分
邮资							5	0	0	0	0
合计（大写）　伍佰元整			¥500.00								

现金付讫

注：收据数字如有涂改或未盖收款章无效　　业务专用章　　经办人：蔡敏

原始凭证 56-2/4

托收凭证（付款通知）

委托日期 2014 年 1 月 27 日　　付款期限　年　月　日

业务类型　委托收款（☑邮划、☐电划）　托收承付（☐邮划、☐电划）

付款人	全称	丰达市讯达通讯设备股份有限责任公司		收款人	全称	丰达市电信局	
	账号	11-8888-1688			账号	11-2586-4596	
	地址	省丰达市/县	开户行　工行丰达支行		地址	省丰达　市	开户行　建行丰达支行

金额	人民币（大写）　贰仟捌佰元整	亿	千	百	十	万	千	百	十	元	角	分
						¥	2	8	0	0	0	0

款项内容	电话费	托收凭据名称		附寄单证张数	2
商品发运情况		合同名称号码			

备注：

付款人开户银行收到日期　年　月　日

复核　记账

付款人开户银行签章　年　月　日

托收结算凭证　工商银行河北省分行丰达支行　2014年1月27日　转讫

付款人注意：

1. 根据支付结算方法，上列委托收款（托收承付）款项在付款期限内未提出拒付，即视为同意付款通知。
2. 如需提出全部或部分拒付，应在规定期限内，将拒付理由书并附债务证明退交开户银行。

此联付款人开户银行给付款人按期付款通知

原始凭证 56-3/4

丰达市通信专用发票

发票代码：1304323058003

№：0004007049577

日期：2014 年 1 月 27 日　　话费周期：2013 年 12 月 21 日至 2014 年 1 月 20 日

客户名称	丰达市讯达通讯设备股份有限责任公司		
电话号码	87878778	业务类型	国内市话、传真、语音信箱
项目	金额	项目	金额
市话	722.10	语音信箱	
国内长途	101.00		
传真	292.50		
梦网信息			
金额合计（大写）	壹仟壹佰壹拾伍元陆角整		¥：1115.60

第二联　发票联

收款单位：（盖章）　财务专用章　　受理编号：20140100321　　收款人：031171

原始凭证 56-4/4

丰达市通信专用发票

发票联

发票代码：1304323058003

№：0004007049578

日期：2014 年 1 月 27 日　　话费周期：2013 年 12 月 21 日至 2014 年 1 月 20 日

客户名称	丰达市讯达通讯设备股份有限责任公司		
电话号码	87878779	业务类型	国内市话、传真、语音信箱
项目	金额	项目	金额
市话	694.66	语音信箱	
国内长途	320.66		
传真	669.08		
梦网信息			
金额合计（大写）	壹仟陆佰捌拾肆元肆角整	¥：1684.40	

收款单位（盖章）　　受理编号：20140100322　　收款人：031171

第二联 发票联

业务 57　附原始凭证 6 张，见凭证 57-1/6、凭证 57-2/6、凭证 57-3/6、凭证 57-4/6、凭证 57-5/6、凭证 57-6/6。

原始凭证 57-1/6

河北省增值税专用发票

抵扣联

1300061523　　№ 1163138

校验码：28602960303873892413　　开票日期：2014 年 01 月 27 日

购货单位	名　　称：丰达市讯达通讯设备股份有限责任公司 纳税人识别号：854585459898888 地址、电话：丰达市启明大道 168 号 开户行及账号：工商银行丰达支行 11-8888-1688	密码区	>50+/4-62750831/049<1　加密版本：01 99302112+00>*4248/+8<　1300061523 372027+43*3/>732<7-02　2342671 4-5/89-3/55*+1-21>44

货物或应税劳务名称	规格型号	单位	数量	单价	金额	税率	税额
水		吨			5000	13%	650
合计					5000		650
价税合计（大写）	⊗ 伍仟陆佰伍拾元整				（小写）¥：5650		

销货单位	名称：丰达市自来水公司 纳税人识别号：422512555554212 地址、电话：0311-6588862 开户行及账号：11-5666-4526	备注	丰达市自来水公司 422512555554212 发票专用章

收款人：张军　　复核：吴有利　　开票人：王力宙　　销货单位：（章）

第一联 抵扣联 购货方作扣税凭证

原始凭证 57-2/6

河北省增值税专用发票

发 票 联

1300061523　　　　No 1163138

校验码：28602960303873892413　　　　开票日期：2014 年 01 月 27 日

<table>
<tr><td rowspan="2">购货单位</td><td colspan="3">名　　称：丰达市讯达通讯设备股份有限责任公司
纳税人识别号：854585459898888
地址、电话：丰达市启明大道 168 号
开户行及账号：工商银行丰达支行 11-8888-1688</td><td>密码区</td><td colspan="4">>50+/4-62750831/049<1　加密版本：01
99302112+00>*4248/+8<　1300061523
372027+43*3/>732<7-02　2342671
4-5/89-3/55*+1-21>44</td></tr>
</table>

货物或应税劳务名称	规格型号	单位	数量	单价	金额	税率	税额
水		吨			5000	13%	650
合计					5000		650
价税合计（大写）	⊗ 伍仟陆佰伍拾元整				（小写）¥：5650		

销货单位	名称：丰达市自来水公司 纳税人识别号：422512555554212 地址、电话：0311-6588862 开户行及账号：11-5666-4526	备注	丰达市自来水公司 422512555554212 发票专用章

收款人：张军　　复核：吴有利　　开票人：王力宙　　销货单位：（章）

第二联 发票联 购货方作记账凭证

原始凭证 57-3/6

托收凭证（付款通知）　5　　0076262

委托日期 2014 年 1 月 27 日　　付款期限　年　月　日

<table>
<tr><td colspan="2">业务类型</td><td colspan="12">委托收款（☑邮划、☐电划）　托收承付（☐邮划、☐电划）</td></tr>
<tr><td rowspan="3">付款人</td><td>全称</td><td colspan="3">丰达市讯达通讯设备股份有限责任公司</td><td rowspan="3">收款人</td><td>全 称</td><td colspan="7">丰达市自来水公司</td></tr>
<tr><td>账号</td><td colspan="3">11-8888-1688</td><td>账 号</td><td colspan="7">11-5666-4526</td></tr>
<tr><td>地址</td><td>省丰达市/县</td><td>开户行</td><td>工行丰达支行</td><td>地 址</td><td>省丰达市</td><td>开户行</td><td colspan="5">建行丰达支行</td></tr>
<tr><td>金额</td><td colspan="13">人民币（大写）⊗ 伍仟伍佰伍拾佰元整　　亿 千 百 十 万 千 百 十 元 角 分：¥ 5 6 5 0 0 0</td></tr>
<tr><td>款项内容</td><td>水费</td><td>托收凭据名称</td><td colspan="2">水费专用发票</td><td colspan="2">附寄单证张数</td><td colspan="7">2</td></tr>
<tr><td colspan="3">商品发运情况</td><td colspan="4"></td><td colspan="7">合同名称号码</td></tr>
<tr><td colspan="3">备注：
付款人开户银行收到日期
年　月　日
复核　　记账</td><td colspan="4">工商银行河北省分行丰达支行
2014年1月27日
转讫
付款人开户银行签章
年　月　日</td><td colspan="7">付款人注意：
1.根据支付结算方法，上列委托收款（托收承付）款项在付款期限内未提出拒付，即视为同意付款通知。
2.如需提出全部或部分拒付，应在规定期限内，将拒付理由书并附债务证明退交开户银行。</td></tr>
</table>

此联付款人开户银行给付款人按期付款通知

原始凭证 57-4/6

河北省增值税专用发票

抵 扣 联

1300061523　　　　　　　　　　　　No 2143546

校验码：28602960303873892413　　　　　　　开票日期：2014 年 01 月 27 日

购货单位	名　称：丰达市讯达通讯设备股份有限责任公司 纳税人识别号：854585459898888 地址、　电话：丰达市启明大道 168 号 开户行及账号：工商银行丰达支行 11-8888-1688	密码区	>50+/4-62750831/049<1　加密版本：01 99302112+00>*4248/+8<　1300061523 372027+43*3/>732<7-02　2342671 4-5/89-3/55*+1-21>44

货物或应税劳务名称	规格型号	单位	数量	单价	金额	税率	税额
电		度			58500	17%	9945
合计					58500		9945
价税合计（大写）	⊗ 陆万捌仟肆佰肆拾伍元整				（小写）¥：68445		

销货单位	名称：丰达市热电公司 纳税人识别号：125876489534687 地址、电话：0311-8588886 开户行及账号：　11-4526-7895	备注	丰达市热电公司 125876489534687 发票专用章

收款人：张军　　　复核：吴有利　　　开票人：王力宙　　　销货单位：（章）

第一联　抵扣联　购货方作扣税凭证

原始凭证 57-5/6

全国统一发票监制章
国家税务总局监制

河北省增值税专用发票

发 票 联

1300061523　　　　　　　　　　　　No 2143546

校验码：28602960303873892413　　　　　　　开票日期：2014 年 01 月 27 日

购货单位	名　　　　称：丰达市讯达通讯设备股份有限责任公司 纳税人识别号：854585459898888 地址、　电话：丰达市启明大道 168 号 开户行及账号：工商银行丰达支行 11-8888-1688	密码区	>50+/4-62750831/049<1　加密版本：01 99302112+00>*4248/+8<　1300061523 372027+43*3/>732<7-02　2342671 4-5/89-3/55*+1-21>44

货物或应税劳务名称	规格型号	单位	数量	单价	金额	税率	税额
电		度			58500	17%	9945
合计					58500		9945
价税合计（大写）	⊗ 陆万捌仟肆佰肆拾伍元整				（小写）¥：68445		

销货单位	名称：丰达市热电公司 纳税人识别号：125876489534687 地址、电话：0311-8588886 开户行及账号：　11-4526-7895	备注	丰达市热电公司 125876489534687 发票专用章

收款人：张军　　　复核：吴有利　　　开票人：王力宙　　　销货单位：（章）

第一联　发票联　购货方作扣税凭证

原始凭证 57-6/6

托收凭证（付款通知）　　5　0076263

委托日期 2014 年 1 月 27 日　　付款期限　年　月　日

业务类型	委托收款（☑邮划、☐电划）☐托收承付（☐邮划、☐电划）					
付款人	全称	丰达市讯达通讯设备股份有限责任公司	收款人	全称	丰达市热电公司	
	账号	11-8888-1688		账号	11-4526-7895	
	地址	省丰达市/县　开户行　工行丰达支行		地址	省丰达　市　开户行　建行丰达支行	
金额	人民币（大写）⊗陆万捌仟肆佰肆拾伍元整				亿 千 百 十 万 千 百 十 元 角 分	¥ 6 8 4 4 5 0 0
款项内容	电费	托收凭据名称	电费专用发票	附寄单证张	2	
商品发运情况			合同名称号码			
备注： 付款人开户银行收到日期 年　月　日 复核　　记账		工商银行河北省分行丰达支行 2014年1月27日 转讫 付款人开户银行签章 年　月　日		付款人注意： 1.根据支付结算方法，上列委托收款（托收承付）款项在付款期限内未提出拒付，即视为同意付款通知。 2.如需提出全部或部分拒付，应在规定期限内，将拒付理由书并附债务证明退交开户银行。		

此联付款人开户银行给付款人按期付款通知

业务 58　附原始凭证 1 张，见凭证 58-1/1。

原始凭证 58-1/1

中国工商银行 特种转账传票

2014 年 1 月 30 日

收款人	全称	工商行丰达支行		付款人	全称	丰达市讯达通讯设备股份有限责任公司	
	账号或地址	11－8888－1001			账号或地址	11－8888－1688	
	开户银行	工商丰达支行	行号 047		开户银行	工商行丰达支行	行号 047
金额	人民币（大写）肆佰零陆万叁仟元整					千 百 十 万 千 百 十 元 角 分	¥ 4 0 6 3 0 0 0 0 0
原凭证金额		赔偿金				借方科目	
原凭证名称		号码				贷方科目	
转账原因	归还短期贷款	银行盖章	工商银行河北省分行丰达支行 2014年1月30日 转讫			会计　复核　记账　制票	

企业入账联

业务 59　附原始凭证 2 张，见凭证 59-1/2，凭证 59-2/2。

原始凭证 59-1/2

托收凭证（付款通知）

5　1026276

委托日期 2014 年 1 月 30 日　　付款期限　年　月　日

业务类型	委托收款（☑ 邮划、☐ 电划）　托收承付（☐ 邮划、☐ 电划）					
付款人	全称	丰达市讯达通讯设备股份有限责任公司	收款人	全称	石家庄有机塑料股份有限公司	
	账号	11-8888-1688		账号	75-2401-113	
	地址	省丰达市/县　开户行　工行丰达支行		地址	省丰达市　开户行	石市工行桥东办

金额	人民币（大写）壹拾贰万贰仟贰佰陆拾伍元整	亿	千	百	十	万	千	百	十	元	角	分
				¥	1	2	2	2	6	5	0	0

款项内容	商业承兑汇票	托收凭据名称	汇票号码 87 号 No 0004788	附寄单证张数	1(汇票承兑联)
商品发运情况		合同名称号码			

备注： 付款人开户银行收到日期 年　月　日 复核　　记账	工商银行河北省分行丰达支行 2014年1月30日 转讫 付款人开户银行签章 年　月　日	付款人注意： 1.根据支付结算方法，上列委托收款（托收承付）款项在付款期限内未提出拒付，即视为同意付款通知。 2.如需提出全部或部分拒付，应在规定期限内，将拒付理由书并附债务证明退交开户银行。

此联付款人开户银行给付款人按期付款通知

原始凭证 59-2/2

商业承兑汇票（卡片）

出票日期(大写)　贰零壹叁年零壹拾月叁拾日　　汇票号码 No　0004788

付款人	全称	丰达市讯达通讯设备股份有限责任公司	收款人	全称	石家庄有机塑料股份有限公司
	账号	11-8888-1688		账号	75-2401-113
	开户银行	工行丰达支行		开户银行	石市工行桥东办

出票金额	人民币(大写) 壹拾壹万柒仟元整	亿	千	百	十	万	千	百	十	元	角	分
				¥	1	1	7	0	0	0	0	0

汇票到期日(大写)	贰零壹肆年零壹月叁拾日	付款人开户行	行号	0470
交易合同号码	0016		地址	丰达市启明大道 168 号

丰达市讯达通讯设备股份有限责任公司 财务专用章 出票人签章	备注： 本汇票请你单位承兑，并及时将承兑汇票寄交我单位。 此致 承兑人 秦贺印 负责人：　经办：	工商银行河北省分行丰达支行 2014年1月30日 转讫

此联承兑人留存

业务 60　附原始凭证 1 张，见凭证 60-1/1。

原始凭证 60-1/1

中国工商银行

转账支票存根（冀）

BK
02　2834540

附加信息

出票日期　2014 年 1 月 30 日

收款人：丰达市通讯器材公司
金　额：¥234000.00
用　途：货款

单位主管 方杰　　会计

第二节　期末调整业务相关凭证

一、总体步骤和要求

本小节的基本要求是，对 2014 年 1 月丰达市迅达通讯设备股份有限责任公司的期末综合业务，结合公司的具体会计制度、国家与地方的税务相关法律、法规、规章，进行一系列的期末核算和调整，基本内容包括：

1）调整、确认出租设备的租金收入；

2）债券的折溢价，计算长期借款利息以及其他长期债务的利息；

3）摊销应由本月负担的待摊费用、无形资产；

4）期末财产清查；

5）分配工资并提取保险费、职工教育经费、工会经费；

6）计提职工养老保险金、住房公积金；

7）分配各种材料费用，以及材料成本差异的计算与分配；

8）分配动力费用；

9）分配辅助费用；

10）计算制造费用；

11）计算、结转完工产品成本；

12）计算调整自制半成品、库存商品定额成本差异；

13）计算本期销售成本；

14）计算本期应交纳的其他税、费；

15）月末计算应预缴的所得税，年终计算清缴所得税；

16）计算本期应交的增值税并转至“应交税费——未交增值税账户”；

17）期末结转损益类账户余额至“本年利润”账户。

二、月度生产统计

丰达市迅达通讯设备股份有限责任公司月度生产统计表

2014年1月　　单位：个

产　品	期初在产品		本期投入数量	期末在产品		完工数量
	数量	完工程度		数量	完工程度	
HXD-0506 半成品	3000	50%	22000	3000	50%	22000
HXD-0508 半成品	2000	50%	27000	2000	50%	27000
XD-0506 电话机	3000	50%	23000	4000	50%	22000
XD-0508 电话机	2000	50%	27000	4000	50%	25000

三、业务凭证

业务61　附原始凭证1张，见61-1/1。

原始凭证61-1/1

丰达市迅达通讯设备股份有限责任公司设备租赁费摊销表

2014年1月31日　　单位：元

设备名称	起租时间	退租时间	设备价值	租金	本月摊销额
A设备	2014年1月1日	2014年 12月 31日			
B设备	2014年1月1日	2014年 12月 31日			
合　计					

财务主管：方杰　　审核：李琦　　制表：王睿

业务62　附原始凭证1张，见62-1/1。

原始凭证62-1/1

丰达市迅达通讯设备股份有限责任公司债券折溢价摊销表

2014年1月31日　　单位：元

项　目 / 债券名称	发行价格	发行日	期限	债券面值	年利率	本月应计利息	利息调整
5年期债券	1018 000.00	2014.1.1	5年				
合　计							

财务主管：方杰　　审核：李琦　　制表：王睿

业务 63 附原始凭证 1 张，见 63-1/1。

原始凭证 63-1/1

丰达市迅达通讯设备股份有限责任公司短期借款利息费用计算表

2014 年 1 月 31 日 单位：元

项目 借款品种	借款性质	借款日	到期日	借款本金	年利率	本月应计利息	借记科目
工行 6 个月借款	短期借款	2014.1.4	2014.7.4				
合计							

财务主管：方杰 审核：李琦 制表：王睿

业务 64 附原始凭证 1 张，见 64-1/1。

原始凭证 64-1/1

丰达市迅达通讯设备股份有限责任公司 计算长期借款利息费用计算表

2014 年 1 月 31 日 单位：元

项目 借款品种	借款性质	借款日	到期日	借款本金	年利率	本月应计利息	借记科目
建行五年期借款	基建借款	2006.1.1	2009.12.31				
合计							

财务主管：方杰 审核：李琦 制表：王睿

业务 65 附原始凭证 1 张，见 65-1/1。

原始凭证 65-1/1

丰达市迅达通讯设备股份有限责任公司 预付红旗轿车保险费摊销表

2014 年 1 月 31 日 单位：元

项目 费用名称	费用发生日期	实际支付	分摊期	本期摊销
红旗轿车保险费	2014.7.1	12 000.00	12	
合计				

财务主管：方杰 审核：李琦 制表：王睿

业务 66　附原始凭证 6 张，见凭证 66-1/6、凭证 66-2/6、凭证 66-3/6、凭证 66-4/6、凭证 66-5/6、凭证 66-6/6。

原始凭证 66-1/6

丰达市迅达通讯设备股份有限责任公司 现金盘点报告单

2014 年 1 月 31 日　　单位：元　No 201401

盘点日期	账面余额	实际库存额	长款	短款	原因	处理意见
1 月 31 日	210.00	10.00		200.00	待查	

财务主管：方杰　　会计：李玉林　　出纳：赵勇

原始凭证 66-2/6

丰达市迅达通讯设备股份有限责任公司 存货清查报告单

2014 年 1 月 31 日　　单位：元　　№ 201401

类别	财产名称规格	计量单位	单价	账存数量	实存数量	盘盈		盘亏		盘亏原因
						数量	金额	数量	金额	
原材料	送话器、受话器	个	6.00					50	300	不明
	处理意见：									
合计									300	

二 财务记账

财务主管：方杰　　审批：秦贺印　　存货主管：张明　　保管使用：夏至　　制单：肖立志

原始凭证 66-3/6

中国工商银行对账单

部门：　　币种：人民币　　第　　页

账号：11-8888-1688　　单位名称：丰达市讯达通讯设备股份有限责任公司

2014 年		摘要	对方户名	凭证种类	凭证号码	发生额		余额
日期						借方	贷方	
1	1	上年结转						3 456 148.00
	1	租金	建华通讯器材公司	支票			140 400.00	3 596 548.00
	2	转让长安债券		支票			61 800.00	3 658 348.00
	5	取得还短期借款		支票			912 000.00	4 570 348.00
	5	货款	上海易购股份公司	支票			304 200.00	4 874 548.00
	6	交纳各种税费		税票		77 536.84		4 797 011.16
	6	广告摊位费	绿叶广告公司	支票		8 480.00		4 788 531.16
	7	付款	通讯器材公司	支票		994 500.00		3 794 031.16
	8	备用金		支票		1 000.00		3 793 031.16
	8	付款	集成模板股份公司	支票		142 6887.50		2 366 143.66
	9	承兑汇票到期	丰达市燕莎商场	汇票			46 800.00	2 412 943.66
	9	支付欠款	石家庄有机塑料公司	电汇		240 600.00		2 172 343.66
	10	发放工资		支票		346 531.06		1 825 812.60
	12	缴纳增值税		税票		29 740.00		1 796 072.60
	13	转让国库券	华锋集团	支票			128 600.00	1 924 672.60
	14	付款	重庆市同德化工厂	电汇		19 305.00		1 905 367.60

续表

2014年 日期	摘要	对方户名	凭证 种类	凭证 号码	发生额 借方	发生额 贷方	余额
14	包装费	包装印刷有限公司	支票		11 700.00		1 893 667.60
15	展览费		支票		3 180.00		1 890 487.60
16	清理费		支票		2 500.00		1 887 987.60
16	残值收入		支票			18 000.00	1 905 987.60
16	货款	丰达市燕莎商场	支票			304 200.00	2 210 187.60
21	货款	成都华联商场	电汇			117 000.00	2 327 187.60
21	付款	大型机械设备公司	电汇		236 000.00		2 091 187.60
22	承兑汇票贴现	成都华联商场	汇票			2 825 901.00	4 917 088.60
27	电话费		支票		2 800.00		4 914 288.60
27	水电费		支票		74 095.00		4 840 193.60
30	还借款		支票		4 063 000.00		777 193.60
30	收到销售货款	丰达市燕莎商场	支票			2 070 900.00	2 848 093.60
30	还购料货款	石家庄有机塑料公司	支票		142 788.00		2 705 305.60

原始凭证 66-4/6

银行存款余额调节表

2014年1月31日

项目	金额	项目	金额
银行对账余额		企业存款日记账余额	
加：企业已收入账、银行尚未入账款项		加：银行已收入账、企业尚未入账款项	
减：企业已付出账、银行尚未出账款项		减：银行已付出账、企业尚未出账款项	
调节后的余额		调节后的余额	

原始凭证 66-5/6

丰达市迅达通讯设备股份有限责任公司现金盘点报告单

2014年1月31日　　单位：元　　№ 201401

盘点日期	账面余额	实际库存额	长款	短款	原因	处理意见
1月31日	210.00	10.00		200.00	出纳工作失误	暂作其他应收款处理。方杰 2014.1.31

财务主管：方杰　　会计：李玉林　　出纳：赵勇

原始凭证 66-6/6

丰达市迅达通讯设备股份有限责任公司 存货清查报告单

2014 年 1 月 31 日　　单位：元　No 201401

类别	财产名称规格	计量单位	单价	账存数量	实存数量	盘盈		盘亏		盘亏原因
						数量	金额	数量	金额	
原材料	送话器、受话器	个	6.00					50	300	不明
	处理意见：同意将原材料盘亏价值列为当期管理费用。									
合 计									300	

第二联 财务记账

财务主管：方杰　审批：秦贺印　存货主管：张明　保管使用：夏至　制单：肖立志

业务 67 附原始凭证 1 张，见凭证 67-1/1。

原始凭证 67-1/1

丰达市迅达通讯设备股份有限责任公司 无形资产摊销表

2014 年 1 月 31 日　　单位：元

无形资产名称＼项目	来源	原始价值	购入日期	分摊期	本期摊销
0506 生产工艺	外购	360 000	2009.12.25		
0508 生产工艺	外购	240 000	2010.12.30		
合 计					

财务主管：方杰　审核：李琦　制表：王睿

业务 68 附原始凭证 1 张，见凭证 68-1/1。

原始凭证 68-1/1

丰达市迅达通讯设备股份有限责任公司 研究开发费用处置单

2014 年 1 月 31 日　　单位：元

分类＼项目	调研费	工资及福利费	修理费	开发费	试验费	注册费
当期费用化项目	10000.00	15840	7703.04			
资本化项目						
合 计	10000.00	15840	7703.04			

财务主管：方杰　审核：李琦　制表：王睿

业务 69　附原始凭证 3 张，见凭证 69-1/3、凭证 69-2/3、凭证 69-3/3。

原始凭证 69-1/3

模拟业务及相关凭证和报表

丰达市讯达通讯设备股份有限责任公司 职工工资汇总表

2014 年 1 月 31 日

单位：元

工资构成 部门		基本工资	津贴	医疗保险 7.5%	养老保险 20%	住房公积金 11%	失业保险金 2%	应发工资	代扣费用										实发金额
									水电费	住房公积金		养老保险		医疗保险		失业保险金		小计	
										单位补	个人交 7%	单位补	个人交 8%	单位补	个人交 2%	单位补	个人交 1%		
一车间	生产工人	100 000	35 000	10 125	27 000	14 850	2 700	**189 675**	5 000	14 850	9 450	27 000	10 800	10 125	2 700	2 700	1 350	**83 975**	**105 700**
一车间	管理人员	12 000	3 000	1 125	3 000	1 650	300	**21 075**	1 000	1 650	1 050	3 000	1 200	1 125	300	300	150	**9 775**	**11 300**
二车间	生产工人	110 000	18 000	9 600	25 600	14 080	2 560	**179 840**	8 000	14 080	8 960	25 600	10 240	9 600	2 560	2 560	1 280	**82 880**	**96 960**
二车间	管理人员	10 000	2 000	900	2 400	1 320	240	**16 860**	800	1 320	840	2 400	960	900	240	240	120	**7 820**	**9 040**
修理车间		16 000	4 000	1 500	4 000	2 200	400	28 100	1 200	2 200	1 400	4 000	1 600	1 500	400	400	200	**12 900**	**15 200**
研发部门		9 000	2 000	825	2 200	1 210	220	15 455	400	1 210	770	2 200	880	825	220	220	110	**6 835**	**8 620**
管理部门		105 800	53 000	11 910	31 760	17 468	3 176	223 114	7 800	17 468	11 116	31 760	12 704	11 910	3 176	3 176	1 588	**100 698**	**122 416**
仓管部门		2 600	550	236.25	630	346.50	63	4 425.75	150	346.50	220.50	630	252	236.25	63	63	31.5	**1 992.75**	**2 433**
销售部门		20 000	2 500	1 687.5	4 500	2 475	450	31 612.5	500	2 475	1 575	4 500	1 800	1 687.5	450	450	225	**13 662.5**	**17 950**
合计		**385 400**	**120 050**	**37 908.75**	**101 090**	**55 599.5**	**10 109**	**710 157.25**	**24 850**	**55 599.5**	**35 381.5**	**101 090**	**40 436**	**37 908.75**	**10 109**	**10 109**	**5 054.5**	**320 538.25**	**389 619**

原始凭证 69-2/3

丰达市迅达通讯设备股份有限责任公司 职工薪酬分配表

2014年[illegible]月31日

单位：元

应借科目＼项目		工资			医疗保险 7.5%	养老保险 20%	住房公积金 11%	失业保险金 2%	合计
		分配计入		直接计入					
		定额工时	分配金额						
生产成本—基本生产成本	HXD-0506								
	HXD-0508								
	小 计								
	XD-0506								
	XD-0508								
	小 计								
制造费用	一车间								
	二车间								
	小 计								
	机修车间								
管理费用									
研发支出									
销售费用									
合 计									

原始凭证 69-3/3

丰达市迅达通讯设备股份有限责任公司

工会经费和职工教育经费计提表

2014 年 1 月 30 日

单位：元

应借科目＼项目		工资			小计	工会经费 2%	职工教育经费 1.5%	小计
		分配计入		直接计入				
		定额工时	分配金额					
生产成本—基本生产成本	HXD-0506							
	HXD-0508							
	小 计							
	XD-0506							
	XD-0508							
	小 计							
制造费用	一车间							
	二车间							
	小 计							
	机修车间							
管理费用								
研发支出								
销售费用								
合 计								

业务 70　附原始凭证 3 张，见凭证 70-1/3、凭证 70-2/3、凭证 70-3/3。

原始凭证 70-1/3

丰达市迅达通讯设备股份有限责任公司材料成本差异率计算表

2014 年 1 月

材料	期初结存		本期入库			差异率（%）
	计划成本	成本差异	实际成本	计划成本	成本差异	
塑料 0506	3 680	2 350				
塑料 0508	7 000	-400				
添加剂 0506	1 500	-30				
添加剂 0508	2 000					
话机主板 0506	5 040					
话机主板 0508	9 000					
话机显示屏 0506	2 400					
话机显示屏 0508	2 880					
送话器、受话器	3 000					
材料成本差异率=总差异÷总计划成本						

原始凭证 70-2/3

丰达市迅达通讯设备股份有限责任公司发料汇总表

2014 年 1 月

使用单位 材料名称	基本车间				修理车间	合计
	一车间产品	二车间产品	制造费用—一车间	制造费用—二车间		
塑料 0506						
塑料 0508						
添加剂 0506						
添加剂 0508						
话机主板 0506						
话机主板 0508						
话机显示屏 0506						
话机显示屏 0508						
送话器、受话器 XD0506 XD0508						
辅助材料—黄油 —机油						
工具—电工组合工具 —修理组合工具						
劳保用品—工作服						
合　　计						

原始凭证 70-3/3

丰达市迅达通讯设备股份有限责任公司材料成本差异分配表

2014 年 1 月

应借科目		费用项目	应计差异
生产成本——基本生产成本	HXD-0506	原材料	
	HXD-0508	原材料	
	XD-0506	原材料	
	XD-0508	原材料	
	小　计		
制造费用	一车间	低值易耗品 机物料消耗	
	二车间	低值易耗品	
	小　计		
生产成本——辅助生产成本	修理车间	低值易耗品	
	小　计		
合　　计			

业务 71　附原始凭证 2 张，凭证 71-1/2、凭证 71-22。

原始凭证 71-1/2

丰达市迅达通讯设备股份有限责任公司 水、电用量统计表

2014 年 1 月

部　门	工艺用电	其他用电	耗电（度数）合计	耗水量（立方米）	备 注
第一车间	20000	5000	25000	10000	车间耗水全部作为一般消耗，不做进一步用途的划分。
第二车间	22000	8000	30000	13000	
修理车间		1000	1000	5000	
管理部门		1500	1500	17000	
销售部门		1000	1000	5000	
合　计	42000	16500	58500	50000	

原始凭证 71-2/2

丰达市迅达通讯设备股份有限责任公司 水费、电费分配表

2014 年 1 月 31 日

应借科目		费用项目	产品动力费用分配		电费分配		水费分配	
			定额工时	分配额	用电度数	分配额	用水量	分配额
生产成本一基本生产成本	HXD-0506	动力费						
	HXD-0508	动力费						
	小 计							
	XD-0506	动力费						
	XD-0508	动力费						
	小 计							
生产成本一辅助生产成本		机修车间 水电费						
制造费用	一车间	水电费						
	二车间	水电费						
	小 计	水电费						
管理费用		水电费						
销售费用		水电费						
合　计								

业务 72　附原始凭证 2 张，见凭证 72-1/2、凭证 72-2/2。

原始凭证 72-1/2

丰达市迅达通讯设备股份有限责任公司 辅助车间劳务量统计表

2014 年 1 月

劳务量 / 车间	一车间	二车间	机修车间	仓管部门	管理部门	销售部门	研发部门	合 计
机修车间	1000	800	—	200	100	500	800	3400

原始凭证 72-2/2

丰达市迅达通讯设备股份有限责任公司辅助费用分配表

2014 年 1 月　　单位：元

辅助车间	应分配费用	劳务量	一车间	二车间	管理部门	销售部门	研发部门	仓管部门
机修车间	32738	3400						
合　计	32738	3400						

业务 73　附原始凭证 2 张，见凭证 73-1/2、凭证 73-2/2。

原始凭证 73-1/2

丰达市迅达通讯设备股份有限责任公司制造费用分配表

生产车间：一车间　　2014 年 1 月　　单位：元

产品名称	定额工时	分配率	分配金额
HXD-0506			
HXD-0508			
合　计			

原始凭证 73-2/2

丰达市迅达通讯设备股份有限责任公司制造费用分配表

生产车间：二车间　　2014 年 1 月　　单位：元

产品名称	定额工时	分配率	分配金额
XD-0506			
XD-0508			
合　计			

业务 74　附原始凭证 7 张，见凭证 74-1/7～凭证 74-7/7。

原始凭证 74-1/7

丰达市迅达通讯设备股份有限责任公司 产品成本计算表

产品名称：HXD-0506　　2014 年 1 月　　单位：元

日期	凭证号	摘要	直接材料	直接人工	其他直接费	制造费用	合计
略	略	月初在产品成本	6900	2440	780	2100	12220
		材料费用分配表					
		职工薪酬分配表					
		水电费分配表					
		制造费用分配表					
		费用累计					
		转出完工产品成本					
		月末在产品成本					

材料费用分配率=　　人工费用分配率=　　其他费用分配率=
制造费用分配率=　　完工产品定额工时：22000×0.1=2200 小时，
在产品定额工时：3000×0.1×50%=150 小时

原始凭证 74-2/7

丰达市迅达通讯设备股份有限责任公司 产品成本计算表

产品名称：HXD-0508　　2014 年 1 月　　单位：元

日期	凭证号	摘要	直接材料	直接人工	其他直接费	制造费用	合计
略	略	月初在产品成本	6200	1200	330	2300	10030
		材料费用分配表					
		工资及福利费分配					
		水电费分配表					
		制造费用分配表					
		费用累计					
		转出完工产品成本					
		月末在产品成本					

材料费用分配率=　　人工费用分配率=　　其他费用分配率=
制造费用分配率=　　完工产品定额工时：27000×0.1=2700 小时，
在产品定额工时：2000×0.1×50%=100 小时

原始凭证 74-3/7

丰达市迅达通讯设备股份有限责任公司 自制半成品成本计算表

自制半成品名称：HXD-0506　　2014 年 1 月　　单位：元

月初余额		本月增加			合计		本月减少		
数量	实际成本	数量	定额成本	实际成本	数量	实际成本	数量	定额成本	实际成本
1000	9000								

全部发出，所以成本全部转出　入库差异=　　出库差异=

原始凭证 74-4/7

丰达市迅达通讯设备股份有限责任公司自制半成品成本计算表

自制半成品名称：HXD-0508　　2014 年 1 月　　单位：元

月初余额		本月增加			合　计		本月减少		
数量	实际成本	数量	定额成本	实际成本	数量	实际成本	数量	定额成本	实际成本
1040	13000								
单位成本=			入库差异=		出库差异=				

原始凭证 74-5/7

丰达市迅达通讯设备股份有限责任公司产品成本计算表

产品名称：XD-0506　　2014 年 1 月　　单位：元

摘要	直接材料	自制半成品		直接人工	其他直接费	制造费用	合计
		定额成本	实际成本				
月初在产品	2300		5620	2000	660	1800	12380
材料费用							
自制半成品领用							
工资及福利费							
水电费							
制造费用							
费用累计							
转出完工产品							
月末在产品							

材料分配率=　　人工分配率=　　其他费用分配率=
制造费用分配率=　　半成品分配率=
完工产品定额工时：22000×0.5=11000 小时，在产品定额工时：4000×0.5×50%=1000 小时

原始凭证 74-6/7

丰达市迅达通讯设备股份有限责任公司产品成本计算表

产品名称：XD-0508　　2014 年 1 月　　单位：元

摘要	直接材料	自制半成品		直接人工	其他直接费	制造费用	合计
		定额成本	实际成本				
月初在产品	3400		7390	4000	610	3800	19200
材料费用							
半成品领用							
职工薪酬							
水电费							
制造费用							
费用累计							
完工产品							
月末在产品							

材料分配率=　　人工分配率=　　其他费用分配率=
制造费用分配率=　　半成品分配率=　　完工产品定额工时：25000×0.5=12500 小时，在产品定额工时：4000×0.5×50%=1000 小时

原始凭证 74-7/7

丰达市迅达通讯设备股份有限责任公司月度完工产成品成本汇总表

2014 年 1 月 单位：元

产品	直接材料	自制半成品	直接人工	其他直接费	制造费用	实际成本合计	定额成本合计	调整入库成本差异
HXD-0506								
HXD-0508								
XD-0506								
XD-0508								

业务 75 附原始凭证 1 张，见凭证 75-1/1。

原始凭证 75-1/1

丰达市迅达通讯设备股份有限责任公司 库存商品成本汇总表

2014 年 1 月 单位：元

商品名称	月初余额		本月增加		累 计		本月销售	
	数量	实际成本	数量	实际成本	数量	实际成本	数量	实际成本
	1	2	3	4	5	6	7	8
XD-0506	2 000	122 000						
XD-0508	2 000	155 000						
XD-0506 加权平均单位成本=				XD-0508 加权平均单位成本=				

业务 76

2014 年 1 月 31 日，根据应交增值税明细账，计算本月应交的增值税并转至“应交税费——未交增值税账”。

业务 77 附原始凭证 1 张，见凭证 77-1/1。

原始凭证 77-1/1

丰达市迅达通讯设备股份有限责任公司 月度流转税、费计算汇总表

2014 年 1 月

收入项目	所属税种	适用税率	应税金额	应交税额
商品销售收入	增值税	17%		
无形资产转让收入	增值税	6%		
出租 A、B 设备	增值税	17%		

附表：应交城市维护建设税及教育附加费计算表

计税税基及计费基础		应交城市维护建设税		应交教育附加费	
		税率	税额	费率	费额
增值税		7%		3%	
合 计					

业务 78 附原始凭证 1 张，见凭证 78-1/1。

原始凭证 78-1/1

丰达市迅达通讯设备股份有限责任公司 月度损益类账户发生额汇总表

2014 年 1 月

费用、支出类科目			收入、收益类科目		
科目名称	本期发生额		科目名称	本期发生额	
	借方	贷方		借方	贷方
主营业务成本			主营业务收入		
其他业务成本			其他业务收入		
营业税金及附加			投资收益		
管理费用					
销售费用					
财务费用					
营业外支出					
所得税费用					
金 额 合 计			金 额 合 计		

业务 79 附原始凭证 1 张，见凭证 79-1/1。

原始凭证 79-1/1

丰达市迅达通讯设备股份有限责任公司月度所得税计算调整表

2014 年 1 月

一、损益相抵后的税前利润		（4）税收滞纳金、罚金、罚款	
二、纳税调整增加额		（5）灾害事故损失赔偿	
1. 超过规定标准项目		（6）非公益救济性捐赠	
（1）工资支出		（7）非广告性赞助支出	
（2）职工福利		（8）粮食类白酒广告费	
（3）职工教育经费		（9）为其他企业贷款担保的支出项目	
（4）工会经费		（10）与收入无关的支出	
（5）利息支出		3. 应税收益项目	
（6）业务招待费		（1）少计应税收益	
（7）公益救济性捐赠		（2）未计应税收益	
（8）提取折旧费		（3）收回坏账损失	
（9）无形资产摊销		三、纳税调整减少额	
（10）广告费		1. 联营企业分回利润	
（11）业务宣传费		2. 境外收益	
（12）管理费		3. 管理费	
（13）其他		4. 研发费用的加计扣除	
2. 不允许扣除项目		5. 其他	
（1）资本性支出		四、调整后应纳税所得额	
（2）无形资产受让开发支出		适用税率	25%
（3）违法经营罚款和被没收财物损失		五、本期应纳所得税额	

第三节 期末会计报表格式

一、利润表

利 润 表

会企 02 表

编制单位： 2014 年 1 月 单位：元

项 目	本期金额	上期金额
一、营业收入		
减：营业成本		
营业税金及附加		
销售费用		
管理费用		
财务费用		
资产减至损失		
加：公允价值变动收益（损失以“-”号填列）		
投资收益（损失以“-”号填列）		
其中：对联营企业和合营企业的投资收益		
二、营业利润（亏损以“-”号填列）		
加：营业外收入		
减；营业外支出		
其中：非流动资产处置损失		
三、利润总额（亏损总额以“-”号填列）		
减：所得税费用		
四、净利润（净亏损以“-”号填列）		
五、每股收益：		
（一）基本每股收益		
（二）稀释每股收益		

二、资产负债表

资产负债表

会企 01 表

编制单位：　　　　2014 年 1 月 31 日　　　　单位：元

资　产	期末余额	年初余额	负债和所有者（或股东权益）	期末余额	年初余额
流动资产：			流动负债：		
货币资金			短期借款		
交易性金融资产			交易性金融负债		
应收票据			应付票据		
应收账款			应付账款		
预付款项			预收款项		
应收利息			应付职工薪酬		
应收股利			应交税费		
其他应收款			应付利息		
存货			应付股利		
一年内到期非流动资产			其他应付款		
其他流动资产			一年内到期的非流动负债		
流动资产合计			其他流动负债		
非流动资产：			流动负债合计		
可供出售金融资产			非流动负债：		
持有到期投资			长期借款		
长期应收款			应付债券		
长期股权投资			长期应付款		
投资性房地产			专项应付款		
固定资产			预计负债		
在建工程			递延所得税负债		
工程物资			其他非流动负债		
固定资产清理			非流动负债合计		
生产性生物资产			负债合计		
油气资产			所有者权益（或股东权益）：		
无形资产			实收资本（或股本）		
开发支出			资本公积		
商誉			减：库存股		
长期待摊费用			盈余公积		
递延所得税资产			未分配利润		
其他非流动资产			所有者权益（或股东权益）合计		
非流动资产合计					
资产合计			负债和所有者权益（或股东权益）合计		

三、现金流量表

现金流量表

会企 03 表

编制单位： 2014 年 1 月 单位：元

项　　目	本期金额	上期金额
一、经营活动产生的现金流量		
销售商品、提供劳务收到的现金		
收到的税费返还		
收到其他与经营活动有关的现金		
经营活动现金流入小计		
购买商品、接受劳务支付的现金		
支付给职工以及为职工支付的现金		
支付的各项税费		
支付其他与经营活动有关的现金		
经营活动现金流出小计		
经营活动产生的现金流量净额		
二、投资活动产生的现金流量		
收回投资收到的现金		
取得投资收益收到的现金		
处置固定资产、无形资产和其他长期资产收回的现金净额		
处置子公司及其他营业单位收到的现金净额		
收到其他与投资活动有关的现金		
投资活动现金流入小计		
购建固定资产、无形资产和其他长期资产支付的现金		
投资支付的现金		
取得子公司及其他营业单位支付的现金净额		
支付其他与投资活动有关的现金		
投资活动现金流出小计		
投资活动产生的现金流量净额		
三、筹资活动产生的现金流量		
吸收投资收到的现金		
取得借款收到的现金		
收到其他与筹资活动有关的现金		
筹资活动现金流入小计		
偿还债务支付的现金		
分配股利、利润或偿付利息支付的现金		
支付其他与筹资活动有关的现金		
筹资活动现金流出小计		
筹资活动产生的现金流量净额		
四、汇率变动对现金及现金等价物的影响		
五、现金及现金等价物净增加额		
加：期初现金及现金等价物余额		
六、期末现金及现金等价物余额		